人类文明的足迹

地理
图文并茂，具有

人类 在地理上的疑问

领略大自然的鬼斧神工

编著◎吴波

Geography

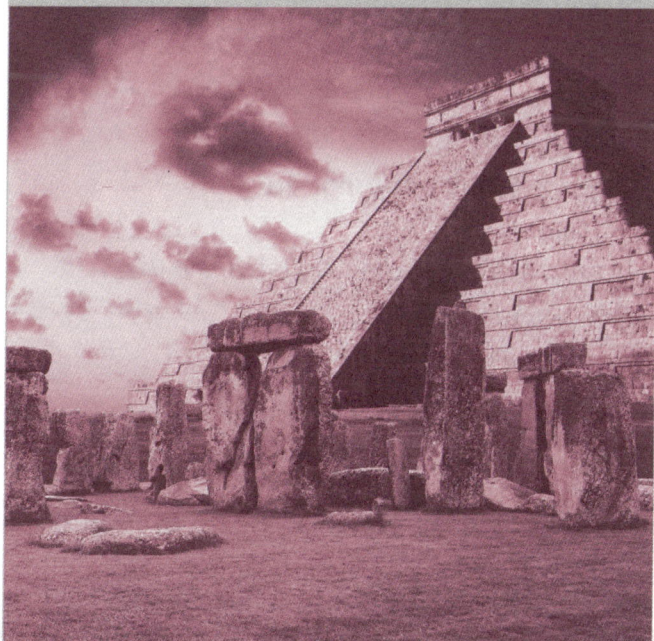

中国出版集团
现代出版社

图书在版编目（CIP）数据

人类在地理上的疑问／吴波编著．—北京：现代
出版社，2012.12（2024.12重印）
　（人类文明的足迹·地理百科）
　ISBN 978 - 7 - 5143 - 0944 - 7

　Ⅰ.①人… Ⅱ.①吴… Ⅲ.①地理 - 世界 - 普及读物
Ⅳ.①K91 - 49

中国版本图书馆 CIP 数据核字（2012）第 275164 号

人类在地理上的疑问

编　著	吴　波
责任编辑	李　鹏
出版发行	现代出版社
地　址	北京市朝阳区安外安华里 504 号
邮政编码	100011
电　话	010 - 64267325　010 - 64245264（兼传真）
网　址	www. xdcbs. com
电子信箱	xiandai@ cnpitc. com. cn
印　刷	唐山富达印务有限公司
开　本	710mm × 1000mm　1/16
印　张	12
版　次	2013 年 1 月第 1 版　2024 年 12 月第 4 次印刷
书　号	ISBN 978 - 7 - 5143 - 0944 - 7
定　价	57. 00 元

前　言

　　我们生活的地球有四大洋七大洲，其中景象万千，丰富多彩，妙景奇观不可胜数，有山川的壮美秀丽，有海岛的无限风光，有沙漠的荒凉死寂，有洞穴的幽深莫测，有森林的神秘诡异……地球一方面像一位慈爱宽厚的母亲，以她的地大物博养育着我们；一方面又像一位睿智博识的父亲，让我们从他身上汲取各种知识；另一方面又像一个神秘莫测的巫师，抛出一个个奇怪的现象让我们去索解。

　　人类的科技发展至今，虽然已经能够"上九天揽月，下五洋捉鳖"，虽然已经解释清楚了自古以来的许多谜团，但是应当承认，我们的科技能力，我们的认识水平仍然是有限的，还有许多未解之谜难为着我们——

　　地球母亲自她诞生至今到底有多少岁？大陆漂移的原动力是什么？为什么许多离奇怪异的现象会集中出现南北纬30度？美国俄勒冈州的磁力漩涡地带怎么解释？魔鬼三角区何以频频发生事故？印尼爪哇谷洞为什么能吸物？世界各地出现的麦田怪圈是怎么回事？在没有外力的作用下物体为什么会自行发生位移？地球上最初的生命究竟是从哪里来的？尼斯湖的水怪究竟为何物？野人、雪人是否真的存在呢？柏拉图笔下的大西洲为何难觅其踪？秘鲁纳斯卡荒原上的巨画究竟有何用处？英格兰的史前人类修建巨石奇阵的真正意图是什么？等等。

　　这一个个难解之谜把我们从自我的小世界里拉出来，带到一个个五花八门的未知世界，诱惑着我们的好奇心，引起我们探索的欲望，正是在这种对未知的不断探索中，我们开扩了眼界，丰富了知识，增强了勇气，激发了灵感，学会了创造！

我们相信随着科技的发展和人类认识水平的提高，现阶段的许多未解之谜将会被破解，也许答案是什么并不是最重要的，重要的是我们在探索的过程中获得了无穷的乐趣；也许答案并不深奥，而其曲折的探索过程令人回味与反思。

目 录

地球之谜

地界水域之谜

地　球　之　谜

　　地球不仅孕育了人类，而且构成了人类的生存环境，向人类提供各种生活资源。我们称地球为人类的母亲。然而，人类对地球母亲的了解却是很少，并且留下了一个个谜等待人们去探索：自有文字记录以来，我们人类在地球上生活了五千年，然而地球母亲究竟高寿几何仍是一个谜；我们生活的地球是有缺陷的，东非大裂谷及海底深处的大裂谷构成了地球上难以愈合的大伤口，这些伤口留给人们许多不解之谜；全球各地在地质历史中曾发生过四次大冰期，并且将来还会出现，令人不解地是：为什么地球上会出现寒冷的冰期呢？人类活动与水紧密相联，可是地球上最初的水是从哪里来的呢？现在越来越多的人接受了大陆漂移说，但对造成大陆漂移的原动力却有种种推测……

地球多少岁

　　在科学并不发达的过去，犹太学者根据《圣经》的上帝创世说，推算出地球的历史不过6000年左右。而我国古人则推测："自开辟至于获麟（指春秋时鲁哀公十四年猎获麒麟事，即公元前481年），凡三百二十六万七千年。"

　　以上的推测虽然都认为天地自形成以来经历了一段漫长的岁月，但他们

地　球

的猜测却纯属臆想，毫无科学根据。

18 世纪末，随着现代星云说的出现，使上帝创世说受到了冲击，同时，对地球的起源及地球的年龄开始尝试用科学方法来探究。

1854 年，德国科学家赫尔姆霍茨根据他对太阳能量的估算，认为地球的年龄不超过 2500 万年。

1862 年，英国著名物理学家汤姆森根据地球形成时是一个炽热火球的设想，并考虑了热在岩石中的传导和地面散热的快慢，认为如果地球上没有其他热的来源，那么，地球从早期炽热状态冷却到现在这样，至少不会少于 2000 万年，最多不会多于 4 亿年。

汤姆森的推论引起了各种争论，莫衷一是。直到 20 世纪科学家发现了测定地球年龄的最佳方法——同位素地质测定法。科学家运用这种方法测定出岩石中某种现存放射性元素的含量，以及测出经蜕变分裂出来的元素的含量，再根据相应元素放射性蜕变关系式，就可以计算出岩石的年龄。迄今，科学家找到的最古老的岩石有 38 亿年。然而，也有人认为，38 亿年的岩石是地球冷却下来形成坚硬的地壳后保存下来的，它并不等于地球的年龄。

那么地球的年龄到底是多大呢？20 世纪 60 年代以后，人们在广泛测量和分析那些以流星形式坠落地球的陨石年龄以后，发现大多数陨石在 44 亿年～

46亿年。60年代末，美国阿波罗探月飞行，测取月球表面岩石的年龄也在44亿年~46亿年。因此，在我们今天的教科书上，或一些科普读物上，都将地球的年龄定为46亿岁。

然而，对地球46亿岁的结论还有许多争论。有人提出质疑，认为这个数据是基于地球、月球和陨石是由同一星云、同一时间的前提下演化而来。而这一前提还是一个有争议的假设。另外，认为放射性元素的蜕变速率是不随时间、环境等条件的变化而变化的假设也未必正确。

也有人主张地球可能有更大的年龄值。如我国地质学家李四光，认为地球大概在60亿年前开始形成，至45亿年前才成为一个地质实体。

苏联学者施密特根据他的"俘获说"，从尘埃、陨石吸积成为地球的角度进行计算，结果获得76亿岁的年龄值。

然而，众多的结论都是依靠间接证据推测出的，人们至今也未在地球上找到它本身的超过40亿年以上的岩石，因此，地球高寿几何，还有待于作更深入的研究。

知识点

陨 石

陨石是地球以外未燃尽的宇宙流星脱离原有运行轨道或成碎块散落到地球或其他行星表面，石质、铁质或是石铁混合的物质。大多数陨石来自小行星带，小部分来自月球和火星。陨石是人类直接认识太阳系各星体珍贵稀有的实物标本，极具收藏价值。陨石多半带有地球上没有或不常见的矿物组合，以及经过大气层高速燃烧的痕迹。据加拿大科学家10年的观测，每年降落到地球上的陨石有二十多吨，大概有两万多块。由于多数陨石落在海洋、荒郊、森林和山地等人烟罕至地区，而被人发现并收集到手的陨石每年只有几十块，数量极少。它大多由天而落，形状不一。目前世界上最大的陨石是重1770千克的吉林1号陨石。

延伸阅读

吉林 1 号陨石

吉林陨石现存于吉林市博物馆。这是中国第一个以展出陨石雨为专题的博物馆。1976 年 5 月 23 日，吉林市陨石雨展览会向世人宣布：1976 年 3 月 8 日呈雨状陨落在吉林市区的陨石总重量达 2700 千克，其中最大的 1 号陨石重 1770 千克，体积为 117×93×84 立方厘米。经专家调查确认，吉林陨石雨降落的范围：东西长 72 千米，南北宽 8.5 千米，面积约 500 平方千米；搜集到大小陨石标本 138 块，碎块 3000 块；吉林陨石雨熔壳呈深褐色，上面布满手指窝状的手印。吉林陨石雨降落时，没有造成一人一畜一物的伤害，实属世界陨石雨降落历史中所罕见。吉林陨石雨降落时，有数千人亲眼目睹陨石坠入地下，掀起原子弹爆炸一样的蘑菇云。

地球上的伤痕

我们生活的这个地球是有缺陷的，不必说地壳深处岩层错动引起的地表裂缝现象，仅东非大裂谷及海底深处的大裂谷就构成了地球上难以愈合的大伤口，并且这些伤口又留给人们许多不解之谜。

东非大裂谷北抵西亚，从靠近伊斯肯德伦港的南土耳其开始往南，一直延伸到非洲东南贝拉港附近的莫桑比克海岸。裂谷跨越 50 多个纬度，总长超过 6500 千米，人们称它是"大地上最大的伤疤"。裂谷底部有些地方深不见底，积水形成 40 多个与众不同的条带状或串珠状湖泊群。其中就有全球最深的湖泊——东非坦噶尼喀湖，水深超过 1400 米。而在未被湖水占据的裂谷带，表现为一条巨大而狭长的凹槽沟谷，两边都是陡峻的悬崖峭壁，相对高差达数百米至千米以上。同时裂谷带也是大陆上最活跃的火山带和地震带，人们总是在东非大裂谷不断发现一些意想不到的事实。例如在裂谷带的基伍湖下层，发现了无机成因的甲烷气，储量高达 500 多亿立方米。大多数人认为这些甲烷来自地球深部，溢出地壳溶解于水体中聚集成天然气藏。尽管它的形成机制还不清楚，但对于有机成因论无疑是有力的挑战。

再如，众所周知，碳酸岩是沉积岩，与岩浆岩毫无关系，然而在20世纪60年代以来，在东非高原的裂谷带找到好几个碳酸岩火山，竟自地下深处喷涌出类似碳酸岩性质的岩浆来，冷却后凝固成方解石碳酸岩或白云石碳酸岩。碳酸岩的成因至今众说纷纭。

东非大裂谷也是已知的古人类的最早发源地。英国人类学家李基夫妇在坦桑尼亚奥杜韦峡谷于1959年发掘到175万年前的东非人头盖骨，打破了人类历史不超过100万年的传统观点。以后，人们又在坦桑尼亚、肯尼亚和埃塞俄比亚境内的裂谷带中，接二连三找到更多更古的古人类骨骼或足迹

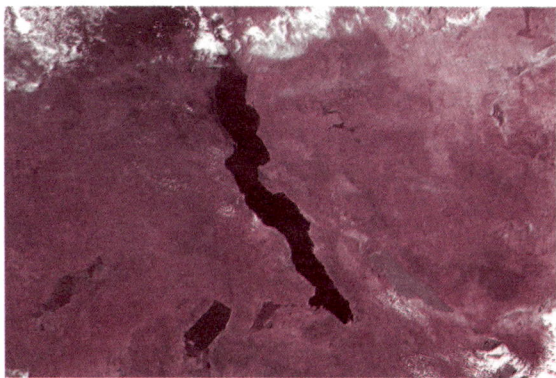

鸟瞰东非大裂谷

的化石，报道年代有早至250万年前、300万年前甚至500万年前的。关于东非人绝对年代的测定，目前还有争论。东非人的来龙去脉以及他们为什么选择在裂谷带生活，更是人类学家潜心探索、孜孜求解的课题。

最扣人心弦的谜莫过于大裂谷的未来命运。英国地理学家约翰·乔治在1893年经过考察发现，在巴林戈湖畔一块半露地面的巨大的孤立石块，其岩层的纹理与两旁高出约1500米的峭壁上的岩层完全相应。因此他设想：东非裂谷不是像美国的大峡谷那样由河流冲刷而成，而是因为地壳一沉，形成了一个夹在两边的峭壁之间的沟谷凹地，地貌上称为"地堑"。大陆漂移说和板块构造说的创立者或拥护者，竞相把东非大裂谷作为支持他们理论的有力证据。有人在研究肯尼亚裂谷带时注意到，两侧断层和火山岩年龄，随着离开裂谷轴部的距离而不断增大，从而认为这里是一条大陆扩张的中心。根据20世纪60年代美国"双子星"号宇宙飞船测量，裂谷北段的红海扩张速度达每年2厘米；在非洲大陆上，裂谷每年加宽几毫米至几十毫米，但有时也会加速进行。

1978年11月6日，地处吉布提的阿浩尔三角区地表突然破裂，阿尔杜科巴火山在几分钟内平地突起，把非洲大陆同阿拉伯半岛又分隔开1.2米。

科学家们认为，红海和亚丁湾就是这种扩张运动的产物。他们还预言，如果照这种速度继续下去，再过2亿年光景，东非大裂谷就会被彻底撕裂开，"分娩"出一条新的大洋，就像当年的大西洋一样。但是，反对板块理论的人却认为大陆和大洋的相对位置无论过去和将来都不会有重大改变，地壳活动主要是作上下的垂直运动，裂谷不过是目前的沉降区而已。在它接受了巨厚的沉积之后，将来可能转向上升运动，隆起成高山而不是大洋。东非大裂谷究竟会怎样，看来人类也只有拭目以待了。

东非大裂谷虽然气势不凡，可与海底深处的大裂谷比起来，不免相形见绌了。海底的裂谷一般顺大洋中央的海底山脉脊顶延伸，像鬼斧神凿把庞大的海底山脉当顶劈开，劈出了一道一二千米深的大裂口。1972年科学家乘坐特制的深潜艇，对其进行了考察，发现这里不但有五光十色的鱼虾，也有美丽的海绵和珊瑚。面对这许多色彩斑斓的海底生物，学者们很吃惊，因为在几千米深的海水里，通常生物是相当稀少的，这里却得天独厚，别有一番天地。这些奇特的生命在深渊里已经生活了多少个世代？为什么会在这里如此繁盛？是否海底裂谷从地底输出了更多的地球内热和营养物质，还是别有原因？这还是一个值得进一步探索的谜团。

知识点

吉布提

吉布提共和国，国土面积23200平方千米，人口83万（2007年），首都为吉布提市，位于非洲东北部亚丁湾西岸，扼红海入印度洋的要冲，东南与索马里接壤，西南、西部和北部三面毗邻埃塞俄比亚。境内地形复杂，有高耸火山，深陷的湖泊，大部分为海拔不高的火山高原，沙漠与火山占全国面积的90%，有低洼平原和湖泊。南部多为高原山地，海拔在500～800米之间。东非大裂谷经过中部，裂谷带北端的阿萨尔湖低于海平面150米，为非洲大陆的最低点。北部穆萨·阿里山海拔2010米，为全国最高点。

延伸阅读

板块构造学说

板块构造学说（亦称全球大地构造学说）是法国科学家勒比逊于1968年提出来的。板块构造学说是在大陆漂移学说和海底扩张学说的理论基础上，又根据大量的海洋地质、地球物理、海底地貌等资料，经过综合分析而提出的学说，因此有人把大陆漂移说、海底扩张说和板块构造说称为全球大地构造理论发展的三部曲。板块构造学说是近代最盛行的全球构造理论。这个学说认为地球的岩石圈不是整体一块，而是被地壳的生长边界海岭和转换断层，以及地壳的消亡边界海沟和造山带、地缝合线等一些构造带，分割成许多构造单元，这些构造单元叫做板块。全球的岩石圈分为亚欧板块、非洲板块、美洲板块、太平洋板块、印度洋板块和南极洲板块，共六大板块。

地球引力之谜

黑洞据说是宇宙中最强大的引力场，它所产生的引力连光都无法逃脱。正是这番缘故。科学家到现在还无从确认这种极端黑暗的天体残骸究竟存在于何处。

不过，人们已经发现在地球上也存在着某种强外力场，被猜测得最多的是"百慕大三角"，还有非洲西诺亚洞中的"魔潭"。

西诺亚洞是津巴布韦境内的一处古人类穴居遗址，它是由明暗两洞及两洞间的一个深潭组成的。深潭位于一个竖井般直伸地面的石洞底部，距地面数十米，一潭深蓝色的清水宛如一块巨大的宝石晶莹闪光。石洞直壁上有透穴同明暗两洞相望，石洞的下部有一穴口，潭水从这里流出，绵延形成长达15千米的地下河。

洞中的深潭为什么有"魔潭"之称呢？原来它有一种魔法般的引力。明明潭面只有10余米宽，按理说将一块石头从水潭的此岸扔向彼岸的石壁，不该费什么力气；可事实上连大力士都绝对无法将石头扔过去，飞石一过潭面必定要下坠入水。不可能么？也确有不服气的，人力不行，就借助于枪械。

西诺亚洞所在地

但这一颗子弹射出去，同样不等击中深潭对面的石壁，就如同被什么神力吸住了似的，往下一栽溅落潭中。

这样的实验已进行过无数次。西诺亚洞中"魔潭"的这种神奇得令人难以置信的引力由何而来？直到今天，没有人能够去揭开这个秘密。

地球上类似的重力之谜很多。谁都知道，地心引力制约着地球表面物体的运动，河水因此也只能往低处流。可是。如果你有机会到中国台湾省台东县一条公路附近开辟的观光点去看看，就会怀疑地心引力在此地是否失常了。你不得不睁大自己的眼睛，这里有一股河水分明是傍着山脚往上流去的，是名副其实的"逆流河"；真是奇怪。看到四周的游客们在为"水往高处流"的奇景而咋舌时，你又该作何想呢？是呵，难道是地心引力的指向在这里出了毛病？

这样的地方，不独中国台湾有，美国犹他州也有，这就是"重力怪丘"。你想开车省力气么？在这个州议会大楼不远处右面的道路上，迎面一段陡峭的斜坡，长达500米左右。你开车至坡前停下，随便放开车闸，怪事就会出现，车子像被无形的力牵引着或推送着，它会自动地缓缓爬上斜坡，让你惊中有喜，莫名其妙。实验表明，这个"重力怪丘"特别作用于重的物体，分量越重，它所产生的反常的作用力就越大。

汽车司机为"重力怪丘"而开心，科学家却在为"重力怪丘"而迷惑。

巴列纳角地区位于乌拉圭埃特角国际温泉疗养所附近。当汽车行驶到这里停住后，一种神奇的力量会把汽车推动几米，在平坦的地面上，甚至能把汽车推动几十米之远。进入这个地区的人，就好像进入了真空，竟有飘飘忽忽之感。

多年来，对巴列纳角之谜，众说不一。有的学者认为是磁场在起作用；有的专家则指出，这里有一种尚未认识的力。然而，这都是一些推测。真伪如何，还需进一步的考察和研究。

➡ 知识点

黑 洞

黑洞是一种引力极强的天体，说它"黑"，是指它就像宇宙中的无底洞，任何物质一旦掉进去，"似乎"就再不能逃出。由于黑洞中的光无法逃逸，所以我们无法直接观测到黑洞。然而，可以通过测量它对周围天体的作用和影响来间接观测或推测到它的存在。

黑洞的产生过程类似于中子星的产生过程；恒星的核心在自身重力的作用下迅速地收缩、塌陷，发生强力爆炸。当核心中所有的物质都变成中子时收缩过程立即停止，被压缩成一个密实的星体，同时也压缩了内部的空间和时间。但在黑洞情况下，由于恒星核心的质量大到使收缩过程无休止地进行下去，中子本身在挤压引力自身的吸引下被碾为粉末，剩下来的是一个密度高到难以想象的物质。由于高质量而产生的力量，使得任何靠近它的物体都会被它吸进去。

延伸阅读

会"翻跟头"的地球磁场

为什么指南针会始终指向南方，这个难题在 1600 年由英国宫廷医生吉尔伯做出科学的解释。原来地球本身就是一个大磁场，分为北磁极和南磁极，正是这个大磁场，吸引着磁针始终指向南方。

但是，法国科学家布容于 1906 年在法国司马夫中央山脉地区对这里的火山岩进行考察时，却意外地发现那里的岩石的磁性与磁场的方向相反。此后，这一类现象越来越多地被发现。人们终于发现，地球的磁场并非永恒不变的，现在位于南端的北磁极会转到北端去，而位于地球北端的南磁极则会转到南端去。这就是物理上所称的"磁极倒转"。

为什么地磁场会发生变化呢？有人认为，这可能是地球被巨大的陨石猛烈撞击后导致的结果；也有人认为，这与地球追随太阳在银河系里漫游相关，因为银河系自身也带有一个磁场，这个更大的磁场会对地球的磁场产生影响；还有人认为，由于地球本身的演变导致了磁极倒转的发生。总之，众说纷纭，莫衷一是。

冰期形成之谜

冰期，指的是地球历史上大规模的寒冷时期。在这个时期里，不仅地球的两极和高山顶上有冰川分布，就是一些纬度较低的温带地区和低矮山岭上，也分布着许多冰川。地球的历史告诉我们，全球各地在地质历史中曾发生过四次大冰期，即震旦纪冰期、石炭纪冰期、二叠纪冰期和第四纪冰期。而每次大冰期又是由许多小冰期组成的。最近的一次大冰期是 70 万年前开始的，至今已发生过 7 次小冰期，每次持续时间为 9 万年之久，而两次冰期之间总是伴随着大约 1 万年之长的温暖的间冰期。

科学家们推测，第七次冰期在 1 万年前就已结束，我们目前正生活在第七次温暖的间冰期末尾，再过 5000 年，我们居住的地球又将进入一次小冰期，那时整个地球将重新银妆素裹，全球的每个人都会生活在类似今天南极

冰　川

的冰天雪地之中。

　　面对这一预言，人们难免会问：为什么地球上会出现寒冷的冰期呢？对此，科学家提出了许多假说：

　　首先进行推测的是德国地质学家希辛格尔。他在1831年提出，第四纪冰期的出现与第三纪的造山运动有关。后人发展了他的观点，认为冰期的发生是由于造山运动所造成的海陆分布不同。在造山运动以后，地球上出现了一些高耸的大山，为山岳冰川的形成创造了条件。山的升高和冰雪堆积的增厚，还使山区附近的气候发生变化，气温下降，并逐渐扩展影响到全球，使整个地球的平均温度下降，导致冰期出现。反之，当造山运动平静后，山地受到侵蚀，高度不断降低，海水有可能侵入大陆上被削平的低洼地区，使其成为浅海。因为海水的比热容较大，能贮存较多的热量，所以当海洋面积扩大并积蓄较多热量之后，气候开始逐渐转暖，出现了间冰期。一旦造山作用重新发生，山脉再次升高，冰期便又重新来到。

　　但是人们很快发现，造山运动剧烈的时期与冰期并不完全吻合。

　　1896年，瑞典地球物理学家阿列尼乌斯提出了植物可能是产生冰期的祸首。他认为空气中二氧化碳若增加到现在含量（0.03%）的2~3倍时，地球的年平均温度就会升高8~9℃。据此可以解释第三纪的温暖气候。温暖的气候和二氧化碳含量的高浓度，促使植物大量繁殖。但是，植物大量繁殖的结果，又使二氧化碳大量消耗，使其在空气中所占的比例下降。当它降低到现在含量的一半时，就会使地球的年平均温度下降4℃~5℃，足以导致中、高纬度地区广泛发育冰川，产生冰期。冰期的出现又会减缓植物生长，从而使二氧化碳的含量逐渐恢复正常。于是气温又逐渐升高，冰川消退，出现间冰期，植物又开始繁盛起来，为另一次冰期的到来准备了比较充分的条件。

但是，历史上植物十分茂盛时期之后，并没有出现冰期，相反在6亿年~7亿年前的古代，生物运动没有现在繁盛，却有震旦纪大冰川的出现。因此上述说法缺乏充分依据。

为了弥补这一说法的不足，有人提出了尘幔说，认为：由于地球上火山的猛烈喷发，大量的火山灰尘给地球撑起了一把尘埃大伞，张起了一道尘幔，于是，阳光就再也照不到地球上了，冰期由此而生。然而，造山运动也是火山极盛时期，但并不是每次造山运动后都有冰期接踵而来。

1920年，南斯拉夫塞尔维亚的天体物理学家米兰柯维奇提出了天文说，认为地球上所以有周期性的冷暖变化，根本原因在于地表受到的太阳光照射不均匀，而造成受热不均匀，无非是地轴的偏斜、地球的颤动以及地球本身是椭圆的，在围绕太阳转动时有近日点和远日点之差……

目前，这一天文假说成为当前最受拥护的冰期成因假说。但这一假说也并非完美无缺，它充其量只能解释一个大冰期中的冰期与间冰期的交替，而没能回答整个大冰期产生的原因。

近年来，在探索冰期形成机制的各种理论中，又出现了一个新的假说，它认为，地球冰期的发生与太阳率领它的家族通过银河旋臂的时间有关。

我们的银河系是一个旋涡状星系，它具有4条旋臂。根据星系旋臂形成假说，太阳及其家族在绕银河系核旋转时，每隔2亿多年就要通过一次旋臂。而在旋臂里星际物质比较密集。因此有人认为，当太阳通过旋臂时，大量星际尘埃的存在使星际空间的透明度减小。太阳辐射出来的光和热受到星际尘埃的反射和折射，到达地球表面的能量有明显的削弱，就使地球的年平均温度下降，冰期发生。这一理论的重要证据是，地球上三次大冰期发生的间隔时期，正好与通过旋臂的时间吻合。

但是，旋臂附近的星际空间是否果真有那么多星际尘埃呢？这是令人怀疑的。而且这一假说是建立在另一假说的基础上的。

因此，尽管人们长期以来不断地探讨冰期的成因，也有了许多科学假说，但这仍然是悬而未决的谜题。

知识点

震旦纪冰期

震旦纪冰期是晚元古代发生大规模冰川作用的时期。世界许多地方都发现有该冰期的冰川活动遗迹。从冰碛岩、纹泥岩、冰蚀形态及同位素年龄测定、古地磁等方面的分析认为，冰川主要活动区分布于澳大利亚中部、非洲中南部和西北部、北美西北部、南美中部、欧洲西北部及西伯利亚和中国东部。

中国震旦纪冰期的冰川作用遗迹见于湘、鄂、黔、滇等省，划分为两个亚冰期：长安亚冰期和南沱亚冰期。年代分别为距今7.5亿年~8亿年前和6.4亿年~6.8亿年前。据地层研究，在新疆也划分了两个亚冰期：特瑞爱肯期和贝义西期。此外在豫、陕、甘、青等省也有震旦纪冰碛岩的发现。有人认为，中国多处发现的震旦纪冰碛岩可能是海下泥石流沉积。

延伸阅读

元古代

元古代是紧接在太古代之后的一个地质年代。一般指距今25亿年前到5.75亿年前这一段地质时期。这一时期形成的地层叫元古界，代表符号为"Pt_1"。这一时期，现在的陆地在那时大部分仍然被海洋所占据，地壳运动剧烈，到了晚期，北方劳亚古陆和南方冈瓦纳大陆的面积扩大了许多，出现了若干大片陆地。在我国，许多地区已经露出海面而成为陆地，而西藏的大部分仍然被海水占据。元古代时期，海水里的生命活动明显地加强了，生物界由原核细胞形式演变为真核细胞形式，但演变的过程和时间还不清楚。这时细菌和蓝藻开始繁盛，后来又出现了红藻、绿藻等真核藻类。藻类在生长过程中粘附海水中的沉积物颗粒形成层纹状结构物，称作叠层石，叠层石是地球上最早的生物礁，出现于太古代而在元古代达到顶盛。除了藻类生物外，元古代结束前，海洋里出现了一些如海绵等低等无脊椎动物。

地球上的水从哪里来

水与人们的生活和生产紧密相联。可是，你可曾想过：地球上的水从哪里来？这里的水指地球上最开始时的水。

现在大多数科学家一直认为，地球上的全部水在地球形成之日就先以蒸汽的形式存在于炽热的地心中，然后，在地球最初 5 亿年的燃烧过程中，水蒸气从火山口爆发出来，冷却而形成河流、湖泊和海洋。他们还认为，地球上的水在缓慢地蒸发，穿越大气层并散逸到太空中去。

可是，美国爱荷华大学一个以天体物理学家弗兰克为首的著名研究小组，向这一传统理论提出了尖锐的挑战，发表了地球上的水可能来自彗星俗称扫帚星的新假说。他们认为，地球上的水不是来自地心，而是来自太空，是从地球形成之日起才慢慢地注入地球上来的，其总体积亦在缓慢地增加。

地球之水

弗兰克是一位一丝不苟的研究学者。关于地球上的水来自彗星的新假说的提出，凝聚了他与他的同事们五年多的心血。1981年，弗兰克与克拉文一起为"动力学探测者—Ⅰ号"卫星研制了一套光学系统，装上了两台可见光摄像机和一台紫外摄像机，用来拍摄大气和大气层中电活动现象的照片。

但是，奇怪的现象也同时出现了。当用紫外摄像机拍照并用计算机着色后，地球受到太阳照射的那一面上空的大气本应形成均匀一致的、明亮的橘黄色。与此相反，科学家们一眼就看到了橘黄色的地轴上布满了很多黑色的小斑点，每个黑色斑点突然出现，停留上几分钟，然后又消失掉。这些黑色斑点是什么？开始时，可能是由于弗兰克正集中精力研究极光、等离子体等而无暇顾及。这一现象并未引起他的重视，只是想当然地认为，它们是由某种电子干扰造成的，并以此来回答其他科学家们提出的疑问。直到1982年底，他的学生利用计算机对卫星照片进行信息处理时，发现计算机"读出"的照片上黑色斑点数据时而运行时而停止的反常现象。这才引起了弗兰克的注意，促使他去揭开黑色斑点之谜。

但那时弗兰克仍然认为这些黑斑是由于卫星在传送照片的过程中，很偶然地受到来自其他卫星、闪电或地面无线电波发射台的干扰而形成的。为了证实这一点，他收集了过去10年间陨星进入大气层的雷达记录，把陨星残骸的运动与黑色斑点的运动进行对比分析。出乎他的意料之外，黑色斑点的运动方式与陨星残骸的运动方式完全一致。这无疑向他表明，同陨星一样，黑色斑点是某种客观存在的物体，而不是电子干扰构成的。因为，若是后者的话，黑斑的运动方式应该完全是随机的，没有任何规律可循。

为了证实黑斑确实是客观存在的物体，1985年，弗兰克又进一步做了如下试验：把紫外摄像机镜头对着大气层外缘的氢气云进行拍摄，发现氢气云恰似"早晨的浓雾"。当他们把镜头的焦点调到氢气云的里面时，他们既惊讶又高兴地看到了"几十个黑色的大圆盘"从大气层外起飞，然后落入大气层之中，朝着地面迎面飞来。这些圆盘开始时很小，但随着时间的推移，变得越来越大，越来越黑。这一观测结果，不容置疑地向他们表明：黑色斑点的确是客观存在的某种物体。弗兰克还估算出，这种物体的直径大约在48千米左右。

那么，它们究竟是什么物体呢？弗兰克等人提出了各种各样的假设，但又很快一一放弃了。

最后，弗兰克研究小组对大气中所有数量充足的分子一一进行了分析。他们发现，只有水分子才能吸收频带足够宽的波长而呈现黑色。这使他们确信，照片上的黑色斑点是由于高层大气中存在着由大量的水分子聚集而形成的气体云造成的。那么，如此之多的水分子是从哪儿来的呢？正是从那时起，他们才把目光转向彗星，即银河中往返运动着的冰雪球。他们计算出，冰球的直径必须为9～12米，并要覆盖有足够厚的松软的雪，才能在大气外层形

RENLEI ZAI DILI SHANG DE YIWEN

成 48 千米宽的气体云。于是，照片上的黑色斑点的出现和消失就得到了圆满的解释；当彗星进入大气层，在大气摩擦、太阳辐射和地球引力的作用下被粉碎而形成云时，就出现黑斑；当云以水蒸气形式消散到大气下层时，黑斑也就消失了。

黑色斑点之谜终于被揭开了。

1986 年 5 月，弗兰克研究小组在《地球物理通讯》杂志上发表了他们的研究成果，提出了地球上的水可能来自彗星的新假说。在太阳系中存在着一个由冰雪球组成的彗星海。彗星海中每一颗彗星的体积并不比一间住房大多少，犹如沧海一粟。因而在太阳系这个大家族中一点也不引人注目，但它们的数量却多得惊人。自 45 亿年前地球诞生以来，它们就在地球引力的作用下，以 20 马赫的速度和每分钟大约 20 颗的数量，即每小时 1200 颗、每天 28800 颗的数量，成群结队地向地球冲来，日复一日，从未间断。当它们到达距地面 1400～2400 千米的高度时，引力作用、太阳辐射和大气摩擦的撞击力结合在一起，把它们击得粉碎，变为细小的冰微粒消散到稀薄的大气流中去，最终以雨或雪的形式降落到地面，使地球的宽度每年约增加四千分之一厘米。这使地球在经历过地质年代之后，就足以形成我们今天所知的河流、湖泊和海洋。

如果弗兰克的假说是正确的话，将能够用来解释大量的地球物理学之谜。例如，当更多的彗星来到地球，形成足够厚的球状冰云覆盖地球、遮挡阳光时，恐怕就出现了冰河时期。由于该覆盖层引起了剧烈的气候变化，从而导致我们所知的整个生物物种包括恐龙的大量灭绝。又如，当复杂的有机物分子被包在冰雪覆盖着的彗星内部时，完全能够安全地穿越大气层而降落到地面上，从而可能为地球上的生命来自宇宙空间这一长期设想提供新的凭证。

彗星海不仅向地球输送了大量的水，而且可能曾向木星和天王星中某些表层至今仍然是冰的卫星输送过水。火星两极的白色冰帽可能就是彗星冰，而神秘的火星运河则可能是在火星的青春期被流动的彗星水冲刷出来的。同样，土星光环之间的辐射带，很可能是彗星飞快地从一个光环冲向下一个光环时扬起的尘埃造成的。

由于这一假说涉及生命的起源、海洋、冰河时期和火星运河的成因等多个领域，因此，自然受到了有关科学家们的极大关注。尽管有少数科学家对这一假说提出了各种疑问，但是，正如《地球物理通讯》杂志编辑、美国航空航天局所属的马歇尔空间飞行中心空间科学实验室主任德斯勒所说的，弗兰克的假说是"十多年来最激动人心的新思想"，谁都无法"立即摒弃这一思想"。但终究还是假说，是否正确还需要科学的论证。

知识点

爱荷华大学

爱荷华大学是主要的美国国家级研究型大学之一，美国大学联合会成员，也是著名的十大联盟所属学校之一。坐落于美国中部的爱荷华州东部的一个小城——爱荷华城。

该校创建于1847年，是爱荷华州的第一所公立高等教育机构。其后，凭借其在艺术、科学、人文等领域的杰出成就赢得了良好的世界声誉。该校是美国最早接受男女同校的公立大学，也是最早授予戏剧、写作、音乐、艺术等领域的高等学位的美国高校。它也是密西西比河以西第一个建立法学院，以及开办教育广播电台的高校，并且广播了世界第一套教育电视节目。

延伸阅读

水循环系统

水是自然界的重要组成物质，是环境中最活跃的要素。它不停地运动且积极参与自然环境中一系列物理的、化学的和生物的过程。水资源与其他固体资源的本质区别在于其具有流动性，它是在水循环中形成的一种动态资源，具有循环性。水循环系统是一个庞大的自然水资源系统，水资源在开采利用后，能够得到大气降水的补给，处在不断地开采、补给和消耗、恢复的循环之中，可以不断地供给人类利用和满足生态平衡的需要。在不断的消耗和补充过程中，在某种意义上水资源具有"取之不尽"的特点，恢复性强。可实际上全球淡水资源的蓄存量是十分有限的。全球的淡水资源仅占全球总水量的 2.5%，且淡水资源的大部分储存在极地冰帽和冰川中，真正能够被人类直接利用的淡水资源仅占全球总水量的 0.796%。从水量动态平衡的观点来看，某一期间的水量消耗量接近于该期间的水量补给量，否则将会破坏水平衡，造成一系列不良的环境问题。可见，水循环过程是无限的，水资源的蓄存量是有限的，并非用之不尽，取之不竭。

大陆漂移的动力是什么

20 世纪以前，海陆位置固定论一直是地学界的主导思想，即人们一向认为海陆的变迁都是在原地垂直升降的，海洋和大陆的基本轮廓和相对位置是一成不变的。1915 年，德国气象学家魏格纳在《海陆的起源》一书中提出大陆漂移理论，从此使海陆位置固定论失去了原有的地位。

魏格纳

年轻的魏格纳在对地球仪的仔细观察中，发现南美洲的东海岸和非洲西海岸的轮廓十分相似，而且这两个海岸在对应的位置上能找到对应的山脉，对应的矿山，后来，他又搜集了许多古气候、古生物的证据，认为大约 3 亿年前，地球上只有一块陆地，陆地周围是一片广阔的海洋。由于地球自转的离心力，使原始的大陆产生了裂缝。地球在不停地由西向东的旋转中，美洲陆块渐渐落后了，日久天长，形成了今天的大西洋。

然而，大陆漂移理论刚问世时，就遭到了许多地质学家的反对，直到 20 世纪 50 年代，古地磁学的兴起以及后来放射性同位素的发现，才为大陆漂移提供了可靠的证据。各大洋中间海岭两侧的古地磁异常带，以及正向和逆向带都呈对称分布；两侧岩石的年龄也大致对称排列，而且离海岭越近越年轻，越远年代越老；再者，海底岩石年龄一般不超过 2 亿年，这比大陆岩石年轻得多。

今天的人们对大陆漂移说不再怀疑了，但对造成大陆漂移的原动力却有种种推测，莫衷一是。

大陆漂移的动力何在？有人提出了地幔对流的假说，认为地球犹如一只尚未煮熟的鸡蛋，地幔就是还能流动的蛋清，正是流动着的地幔物质提供了大陆漂移的动力。然而，地幔如何流动呢？地质学家发现，它处于一种"对流"的运动状态。所谓对流，简言之，就是物质的一种循环流动。举例来说，一壶水在加热过程中，就存在对流：直接加热点上的水，因升温而向上流动，然后再向四周流散开去，同时四周的水再向加热中心涌来，如此周而复始，形成了壶中水的对流。与此相仿，处于高温熔融状态的地幔物质也是这样。

地质学家发现，在世界各大洋洋底的中部都有一列巨大的山脉，称为"大洋中脊"，恰似洋底的脊梁；中脊的最高处都有一条巨大的裂谷，这正是地幔物质的出口处。当熔融的岩流从裂谷中溢出时，低温海水使它冷却凝结，形成新的大洋壳，分布在中脊的两侧，还未溢出的岩流则在洋壳下"兵分两路"，向中脊两侧运动，同时，"驮"着新的洋底一起移动；当"驮"到大陆与大洋交界处的海沟时，固体洋壳就"俯冲"下去，重新成为地幔的"成员"。这就是地幔对流的模型，它成功地充当了大陆漂移理论中的"牛顿"。

然而，有些科学家对这种作为大陆漂移说、海底扩张说以及板块构造说基础的地幔对流模型颇为怀疑。他们认为，在该模型中，洋中脊和上升岩流是相互依存的，洋中脊是上升岩流的出口，有上升岩流的地方才有洋中脊。实际上，地质学家发现洋中脊并不是连续分布的，而是形成阶梯的形状。令人费解的是，上升岩流怎么可能严格地随阶梯形的洋中脊转向呢？此外，洋中脊也不是固定在上升岩流位置，而是在自由移动着。譬如，非洲板块几乎被洋中脊包围，由于海底不断扩张，使得非洲板块不断增大，两侧洋脊的距离正在变大。对地幔对流模型威胁最大的要数阿留申海沟了，科学家发现那里的洋中脊正在俯冲进入海沟，这简直不可思议。那里的洋底探测表明，从洋中脊到海沟，洋壳岩石的年龄越来越小，这分明是发生了洋中脊的俯冲，这与传统的模型恰好背道而驰。

这些反常现象预示着，以往的地幔对流模型并非完美无缺，大陆漂移的原动力之谜尚未完全揭开，它期待着更有说服力的解释。

知识点

魏格纳

魏格纳1880年生于柏林，是德国气象学家、地球物理学家、天文学家。1912年提出关于地壳运动和大洋大洲分布的假说——"大陆漂移说"。他根据大西洋两岸，特别是非洲和南美洲海岸轮廓非常相似等资料，认为地壳的硅铝层是漂浮于硅镁层之上的，并设想全世界的大陆在古生代石炭纪以前是一个统一的整体（盘古大陆），在它的周围是辽阔的海洋。后来，特别是在中生代末期，盘古大陆在天体引潮力和地球自转所产生的离心力的作用下，破裂成若干块，在硅镁层上分离漂移，逐渐形成了今日世界上大洲和大洋的分布情况。但这一假说却难以解释某些大问题，如大陆移动的原动力、深源地震、造山构造等。1930年11月他在格陵兰考察冰原时遇难。

延伸阅读

海底扩张说

海底扩张说是海底地壳生长和运动扩张的一种学说，是对大陆漂移说的进一步发展。美国人赫斯于1960年首先提出洋盆的形成模式。随后也是美国人迪茨于1961年用海底扩张作用讨论了大陆和洋盆的演化。赫斯于1962年对洋盆形成作了系统的分析和解释，并阐述了洋盆形成、洋底运移更新与大陆消长关系。这一理论为板块构造学的兴起奠定了基础，并触发了地球科学的一场革命。海底扩张说从以下事实得到验证：①1963年瓦因和马修斯从地磁场极性的周期性倒转的分析中发现，洋中脊区的磁异常呈条带状、正负相间、平行于中脊两侧，对称延伸，其顺序与地磁反向年表一致。这一事实证明了洋底是从洋中脊向外扩展而成的，洋底磁异常条带因顺序相同而具有全球的可对比性。②1965年威尔逊提出了转换断层的概念，证明了岩石圈板块的水平位移是可能的，并因此阐明了洋中脊的新生洋壳和海沟带的洋壳消减之间的消长平衡关系，即扩张速率与消减速率相等。

地光之谜

地光，作为地震前后常见的自然现象，早在《诗经》中，有"烨烨震电"的记载，近来我国发生的海城、邢台、唐山、松潘、汶川等大地震中，地光也屡有出现。根据人们的观察，地光的形态可谓多种多样，其颜色有白、红、粉红、橙红、绿、蓝不等。其形状又有：闪电状、蒙胧弥漫状、条带状、柱状、信号弹状、散射状和火球状等等。

有关地光的成因，科学界说法不一，主要有以下几种解释：

（1）摩擦生热说：这是米尔恩于1898年首先提出的，它基于锤子敲击岩石迸溅火星的启发，认为地光是地震时岩块相对运动发生摩擦而产生的发光现象。但这一理论却不能解释地光的各种现象，如有些地光发生在半空中，有些地光还伴随着

地 光

日光灯的自动闪烁以及地光以球形和柱形出现的缘由等等。

（2）水的毛细管电位理论：这是日本学者寺田寅彦根据物理学原理在1931年提出来的。他认为，一场强烈的地震所影响的深度可与地面上波及的范围相当。在地震影响的深度范围内：地下水受到挤压，便通过许多毛细管般的岩石孔隙向上移动，产生了流动电位。寺田推测，地下水所受的压力，相当于100千米厚的岩柱所产生的压力，这样，根据流动电位的计算公式可得出，这时地下水流动所产生的电位差达到300万伏。显然，这样巨大的电位差足以导致产生高空放电，形成地光。但有人对此观点提出了质疑，认为地光并不都发生在高空，而且对其计算结果也表示怀疑。

（3）压电效应理论：物理学的实验发现，许多晶体在受到挤压或拉伸时，会在两个平面上产生相反的电荷，称为"压电效立"。1970年，芬克尔斯坦和波威尔指出，当石英在地壳岩层中作有规律排列时（若无规律，则产生的压电效应将互相抵消），如果沿长轴排列的石英晶体的总长度相当于地震波的波长（近于2千米）时，就会产生地震电效应。若地震压力的压强为 $3 \times 10^6 \sim 3 \times 10^7$ 帕，就有可能产生 $5 \times 10^4 \sim 5 \times 10^5$ 伏/米的平均电场。这个电场足以引起类似暴风雨时的闪电那样的低空放电现象，产生地光。但是，按照这一理论，地光应该只发生在某些特定的区域内，即那些分布有定向排列的大量石英晶体的区域内。这显然与地光在强震区不论其地下岩石性质如何都有广泛出现的实际情况不相吻合。另外，它也没能解释在一些震区有时可以观察到的"电子暴"。

（4）低空大气发光理论：1961年，日本学者安井丰提出，他认为在地震区常会有以氢为主要成分的放射性物质，被从地里"抖"到大气中。特别是在含有较多放射性物质的中、酸性岩石分布区和断层附近，大气中的氢含量将有显著提高（这一点已为实测结果证明），这也将使大气离子化增强，导电率增加。安井受芬克尔斯坦的启发，认为如果这时地面存在一个天然电场，这个电场可以由压电效应产生，那么就会发生向空中的大规模放电，使地光闪烁起来。这一理论是目前解释地光形成原因的许多假说中比较成功的一个。

但是，这些都还只是假说，要彻底揭开地光产生之谜，还需今后加强对地光的科学观察和记录，还要用现代的先进技术装备，及时地捕捉有关地光的各种信号，并仔细区分不同的地光类型。可以相信，随着研究的深入，地光之谜终将揭开。

知识点

《诗经》

《诗经》是中国最早的诗歌总集。《诗经》原本叫《诗》，共有诗歌305首（另外还有6篇有题目无内容，即有目无辞，称为笙诗），因此又称"诗三百"。从汉朝起儒家将其奉为经典，因此称为《诗经》。其所涉及的地域，主要是黄河流域，西起山西和甘肃东部，北到河北省西南，东至山东，南及江汉流域。按用途和音乐分"风、雅、颂"三部分，其中的风是指各地方的民间歌谣，雅大部分是贵族的宫廷正乐，颂是周天子和诸侯用以祭祀宗庙的舞乐。《诗经》的主要表现手法是赋、比、兴。直陈其事叫赋；譬喻叫比；先言它物以引起所咏之物叫兴。

延伸阅读

家庭避震要点

1. 抓紧时间紧急避险。如果感觉晃动很轻，说明震源比较远，只需躲在坚实的家具旁边就可以。大地震从开始到振动过程结束，时间不过十几秒到几十秒，因此抓紧时间进行避震最为关键，不要耽误时间。

2. 选择合适避震空间。室内较安全的避震空间有：承重墙墙根、墙角；有水管和暖气管道等处。屋内最不利避震的场所是：没有支撑物的床上；吊顶、吊灯下；周围无支撑的地板上；玻璃（包括镜子）和大窗户旁。

3. 做好自我保护。首先要镇静，选择好躲避处后应蹲下或坐下，脸朝下，额头枕在两臂上；或抓住桌腿等身边牢固的物体，以免震时摔倒或因身体失控移位而受伤；保护头颈部，低头，用手护住头部或后颈；保护眼睛，低头、闭眼，以防异物伤害；保护口、鼻，有可能时，可用湿毛巾捂住口、鼻，以防灰土、毒气。

地震云谜团

一些科学家认为，天空中某些形态的云与地震有关系，并把这类云称之为"地震云"。

地震云都是出现在地震发生之前，它们与地震震中的关系非常复杂。有些地震云出现在距离震中很近的上空，有些地震云却远离震中几千千米，甚至上万千米。

地震云

从地震预报的角度看，研究地震云的特点、出现的规律以及它与地震的关系，对于人们深入探索地震的奥秘具有十分重要的意义。

也有一些科学家根本不相信有地震云，认为那些云彩的出现与地震的发生只不过是偶然巧合。

所以，究竟有没有地震云？如果有，它与地震究竟是个什么关系？它的形成机制是什么？都是些正在探讨中的问题。

1. 地震云的形貌之谜

地震云是出现于天空的云彩，为什么有的人能从普通的云彩里发现与地震有关的地震云呢？什么形状的云彩与地震有关呢？

我国古代除了《隆德县志》以外，清人王士祯在其所著的《池北偶谈·卷下》中"地震"一节里，谈到 1668 年 7 月 25 日山东郯城 8.5 级地震时，记有："淮北沭阳人，白日见一龙腾起，金鳞灿然，时方晴明，无云无气。"这里说的龙，看来也是《隆德县志》中"黑云如缕，宛如长蛇"的长蛇状带状云，阳光一照，便显得金光灿烂，我国古代的许多县志和史书都有这样的记载。

我国地震研究工作者发现，地震云颜色复杂，多呈复合色，一般有铁灰、橘黄、橙红等。地震云多出现在凌晨或傍晚，分布方向与震中垂直，有的人根据这个规律曾经成功地预报了地震的震中位置。我国地震学者吕大炯汇总了一定范围内的地震云，并制成了地震云分布图，在这张分布图上，他确定了地震云垂线交汇点的地面投影位置，并认定这里是地震可能发生的地带。我国 20 世纪 70 年代地震研究的实践证实了吕大炯的推测。吕大炯还认为，这种地震云在时间上既可以和近期地震相对应，也可以和远期地震活动相对应。在空间上，既可以和近距离的地震相对应，也可以和远距离的地震相对应。例如太平洋彼岸的墨西哥 8 级地震和西半球的亚速尔群岛地震，都影响到了北京地区的大气层，有人在几天以前就观察到了云彩的异常变化。

除了常见的条带状地震云外，还有一种地震云呈辐射状。这种云从某一点向外呈指状辐射，它主要出现在早晨和傍晚，由于霞光的关系可以有不同的颜色，云的辐射中心多位于震中的上空，因此从邻近地区常常看不到它的全貌，而只看到几条向中心汇聚的指条状云。这种地震云可能主要与近距离的地震有关。

还有一种云，地震学家给它取名为肋骨状云。这种云像是一些排列整齐的肋骨，沿一方向呈宽带状分布。它可能是长蛇状云的"宽化"，很可能是由于同时来自大致相同方向的两次地震共同激发的结果。

1923 年，日本又发现了一种更奇怪的地震云，东京人称它为"妖云"。当年的 8 月 27 日，在日本西南部的石垣岛和冲绳岛之间，出现了越来越低的低气压。三天之后形成台风，移向九州西南部。与此同时名古屋市也出现低气压，到 8 月 31 日，这种低气压形成的大风猛扫江之岛一带，这时，天空出现了奇怪的红色，太阳也好像比平时大了一倍。9 月 1 日早晨，大风刮到了东京北部。上午 10 时，东京上空出现形状特殊的浓云。云体肥大，很像在风中摇曳的鸡冠花。接着是急促的狂风暴雨，云量增加，风速进一步增大。后来，当风突然转向时，东京发生了 8.3 级大地震。几乎毁灭了东京，波及横滨及周围许多城镇。仅东京一地就有近 60000 人死亡。于是这种带有不祥征兆的云，又被称为妖云。

妖云是地震云吗？目前还没有太多的实例对它进行解释。

2. 地震云的预测之谜

我国清代康熙二年（1663 年）曾出了一本《隆德县志》，书中第一次提到了地震和云彩的关系。作者在这本书中对地震前兆进行了总结，其中有一条就讲了地震云的问题，书中写道："天晴日暖，碧空晴净，忽见黑云如缕，宛如长蛇，横亘无际，久而不散，势必地震。"当然限于当时科学技术水平，人们对该书的记载未能给予注意。

在与我国一衣带水的邻邦——日本，也曾经有人见到过地震云。这个人不是专业地震工作者，而是曾任过日本奈良市市长的键田忠三郎。

键田忠市长第一次发现地震云是在 1948 年 6 月 28 日。这天，他发现奈良市上空出现一种异常的带状云，好像把天空分成两半，他预感到可能要发生地震，把这个消息告诉了亲友，结果第二天便发生了福井地震。后来，键田忠又多次根据地震云推测了地震的发生。据说根据这种云彩异常，他还在一海之隔的日本预报了我国东部沿海城市的一次6.7级的地震。

利用地震云来预报地震引起了学术界的重视。由于这种方法观察方便，无需任何设备，所以不仅受到专业地震工作者的重视，一些业余爱好者也都跃跃欲试，想验证一下这种方法的正确程度。

作为一种新的方法，键田忠三郎也遇到了挑战。日本有一个"地震预报联络委员会东海地区判断会"，是日本地震预报的最高权威机关，该会的专家认为这种方法只能在社会上引起混乱，没有任何科学价值。东京大学教授荻原尊礼认为，这种方法中讲的地震云纯属巧合。连日本气象厅主管地震问题的专家也说键田忠三郎统计的地震，有的远离日本本土，有的发生在海底数百千米深的地方，其前兆不可能在日本本土上空的大气层中有反映。

3. 地震云的成因之谜

日本是地震云记载最多的国家之一，所以日本学者率先对它进行了解释。

日本九州大学真锅大觉副教授认为，地震之前，地球内部积聚了巨大的能量，并促使地热升高，加热空气，使其成为上升的气流，以同心圆状扩散到同温层，使1000米高空的雨云形成细长的稻草绳状的地震云。

真锅大觉的理论中有一些很难自圆其说的地方，我国气象地震研究人员从大气物理角度提出了质疑。

首先，同温层在对流层上面，距离海平面高度为10000多米。这个高度，一般上升的气流是达不到的。就是火山喷发、核弹爆炸，也只能使空气对流上升到对流层顶附近的高空。而且这种强烈对流，一般都是产生"塔状"、"柱状"、"蘑菇状"等垂直方向发展的对流体，不可能形成沿水平方向展开的横卧状的细长带状云，更无法解释这种长条状云为什么垂直震源方向分布。

其次，按照真锅大觉的理论，地震云应出现在地震震中的上空；根据我国大气物理学家顾震潮先生的理论，地震云距震中最远不超过3000米。然而据有关报道，有人在距离震中几千千米以外看到了地震云，甚至有人隔着半个地球的遥远距离也看到了地震云。这又怎么解释呢？

再次，地球岩石的热传导是极其缓慢的，它通过10米厚的岩石至少也要3年。那么，地球内部所积聚的能量，又是通过什么机制加热大气的呢？

针对真锅理论受到的挑战，我国学者吕大炯提出了下列解释理论：他认为地震云除了可能出现在震中区上空外，也可能出现在那些远离震中区而又有应力集中的断裂带上空。当这些应力本来就集中的断裂受到远处震中区因震前容积增大而传递来的应力时，应力就更加集中了。断裂带上的强应力作用使岩石发生挤压摩擦，造成热量增加，于是，地下热流通过断裂不断逸出地面，并上升到高空，形成条带状地震云。

吕大炯还认为，地热传递给大气，不一定非通过从断裂带逸出的气流不可，还可以通过辐射的方式（如超高频或红外辐射）来加热断裂带上空的各种微粒，从而导致了条带状地震云的产生。由于断裂带大多垂直震中的震波传递方向，所以由此产生的条带状地震云也是垂直来自震中的震波传递方向。

辐射状地震云是怎样形成的呢？吕大炯认为是由于震中处于某些应力高度集中的断裂交汇处，而且，应力随距离而衰减，因此便形成了焦点对应震中的辐射地震云。

我国学者吕大炯的理论，虽然更好地解释了地震云的某些特征，但这些理论仍是带推测性质的，至今还没有获得有关的实测数据，而对于那些相隔半个地球的远震地震云来说，它能否把应力传递过去，也实在令人怀疑。那些发生在海底的地震，更令人难以相信它们会引起地震云。

关于地震云的成因，除了上述假说以外，还有一些人从另外的角度提出了猜想。有人认为，我国辽宁海城地震是海水中沉积的猛铁矿在地震前形成了感应性磁场，一旦远近有震，地磁异常明显地表现出来，影响到大气对流层，进而产生地震云；还有人认为，地球内部的巨大能量，会使一些带电粒子高速地沿着脆弱的断裂带冲出，到了一定高度以后，受到这些带电粒子碰撞的气体分子就电离成离子，而周围过于饱和的蒸汽就以这些粒子为核心，结合尘粒等物而成雾珠。沿带电粒子通过的路上，便有细条状云体即地震云出现；还有人利用震源电场解释地震云的成因，说地震云在五千多米的高空，受到地面热辐射的作用较小，垂直对流微弱，云层稳定，易于保留一定形态。同时，这里离子浓度大，不稳定，在震源静电场作用下顺电场排列，因而形成分布约数百千米的条带状云，也就是地震云。

这些意见，虽然对地震云的形成作出了一些解释，但都缺乏客观的观察数据，也未超出猜测的范围。因此，学术界有相当一部分人对地震云说持怀疑态度，还有人把地震云同异端邪说联系在一起，根本不承认它的学术价值。我国一位从事地质构造研究多年的地质工作者，以他几十年野外地质工作经历和对国内外地震地质资料的潜心研究，于1993年在报刊撰文，对地震云说进行了彻底否定。他认为地震的发生与云彩没有任何关系，以往所传的"地震云"缺乏实际证据，有的属于巧合，有的则有杜撰成分在里边。震惊世界的1976年唐山大地震，我国地震工作者在震中和非震区都没有发现云彩有异常变化，更谈不上什么"地震云"。

地震云是不是真的存在呢？它又是怎样形成的呢？这些都还是难以准确回答的谜。

▶▶ 知识点

震中区

震中也有一定范围，称为震中区，震中区是地震破坏最强的地区。从震中到任一地震台（站）的地面距离，称震中距。确定震中位置一般有两种方法：一是震后调查，将破坏最厉害的地方定为震中，称宏观震中；另一种是根据地震仪测定的震源在地面上的投影，称微观震中。由于震源区的物理状态和地震区地质条件等因素的影响，地面上破坏力最大的地点不一定正好位于震源的正上方，因而宏观震中不一定与微观震中重合。

地震观测点到微观震中的距离称为震中距，震中距小于100千米的称为地方震；在100～1000千米称为近震；大于1000千米则称为远震。随震中距的增大，地震影响越小。

延伸阅读

地震前动物异常

许多动物的某些器官感觉特别灵敏，它能比人类提前知道一些灾害事件的发生，例如海洋中水母能预报风暴，老鼠能事先躲避矿井崩塌或有害气体等等。

动物反常的情形，人们也有几句顺口溜总结得很好：

震前动物有预兆，群测群防很重要。

牛羊骡马不进厩，猪不吃食狗乱咬。

鸭不下水岸上闹，鸡飞上树高声叫。

冰天雪地蛇出洞，大鼠叼着小鼠跑。

兔子竖耳蹦又撞，鱼跃水面惶惶跳。

蜜蜂群迁闹轰轰，鸽子惊飞不回巢。

家家户户都观察，发现异常快报告。

除此之外，有些植物在震前也有异常反应，如不适季节的发芽、开花、结果或大面积枯萎与异常繁茂等。

厄尔尼诺现象形成之谜

"厄尔尼诺"在西班牙文中的含意是"圣婴"。它原是南美洲厄瓜多尔和秘鲁的海岸渔民对温暖洋流的称呼。典型的"厄尔尼诺"现象出现在圣诞节前后，并能持续几个月之久。这时期渔产减少。所以渔民们经常利用此时在家休息及修补渔具。有时这股暖流和断渔能持续到5月甚至6月。久而久之，这种扰乱渔民正常生活，也带来暴雨降临的系列现象就称为厄尔尼诺。较强的厄尔尼诺不仅影响到8000千米的南美洲海岸，还跨过了太平洋赤道，并能影响到全世界。

人们经过大量的海洋和大气的调查研究发现：在厄尔尼诺出现的前一年，信风比较强盛，引起暖水块在菲律宾东部海上蓄积。而在厄尔尼诺快要出现之前，太平洋东西信风减弱。该暖水区会慢慢越过赤道向南太平洋传播，几个月后到达南美西北部海岸，形成厄尔尼诺。一般的厄尔尼诺现象仅维持1.5年。强的厄尔尼诺现象可持续3年左右，厄尔尼诺的出现，造成海水温度升高，使海上鱼类大量死亡、海鸟绝迹，严重影响了渔业生产。

经过以后的对大气和海洋的大规模观测调查发现：海洋长期变动的厄尔尼诺现象与大气的南方涛动有密切关系。东太平洋的海面水温上升，太平洋赤道区域东西气压梯度变小，西向的信风减弱，从而减弱了赤道海洋的涌升，使海面水温升高，出现所谓"暖期"。反之，东太平洋的海面水温降低，东西的气压梯度变大，强的信风引起海水强的涌升，海面水温也降低，出现所谓"冷期"。海面水温和大气的这种周期性变化，就造成了厄尔尼诺和南方涛动的周期变化。因此，对厄尔尼诺的研究发展成为对海洋和大气的大规模综合研究活动。

气象学家们还发现，南太平洋和印度洋的海平面气压之间存在着"跷跷板"式的关系，往往一边气压升高，另一边气压降低，此现象被气象学家们称为"南方涛动"。南方涛动与"厄尔尼诺"的关系极为密切，"厄尔尼诺"期间南太平洋地区海平面气压下降而热带西太平洋至印度洋地区气压上升。所以人们又把"厄尔尼诺"和南方涛动合起来称为"厄索"。

1982～1983年的厄尔尼诺，据众多的观测资料，可以认定是20世纪最强的一次。那是在1982年5月，通常由加拉帕戈斯群岛吹往印度尼西亚的东风开始变弱。至国际日期分界线以西，风向变成了西风。于是那儿下了一段时期的暴风雨。几周以后，随着这风向、风速的改变，太平洋圣诞岛所在的海平面上升了几厘米。到10月份，向东延伸到厄瓜多尔的上万平方千米的海平面上升了0.3米。与此同时，西太平洋的海平面下降，环绕在许多岛外的珊瑚礁上层受到破坏。加拉帕戈斯群岛和厄瓜多尔沿海的海水表层温度由通常的略高于21℃上升到了超过27℃。随此变化，海洋生物立即有所反应。圣诞岛的海平面上升使海鸟遗弃了它们的幼鸟而四散逃亡，亡命地寻找食物。到1983年中期秘鲁海岸带的条件恢复正常时，有25%的成年海豹、海狮以及它们当年所产的全部幼兽都死亡了。

从智利到哥伦比亚太平洋沿海，正常生活在热带、亚热带水域中的鱼类或迁徙，或游向南极。一个意外的丰收是温水海扇大量涌集到了厄瓜多尔的海涂。这次厄尔尼诺也影响到了陆地上，厄瓜多尔和秘鲁北部在6个月内降了2500毫米的暴雨，使原本干旱的海岸带不毛之地变成了草原，还点缀着多处湖泊。草地植被吸引了成群的蚱蜢。于是蟾蜍和鸟类大饱口福，大量繁殖。近海的鱼类乘洪水游进河流和新湖。当湖水干涸时当地居民获得了渔产丰收。在一些洪水海岸带河口，鲜虾捕获量创造了历史记录。但也有坏事相随，疟疾在当地流行。这次强烈的厄尔尼诺造成的经济冲击相当巨大。厄瓜多尔和秘鲁的渔业损失最大。往年的特产鲲鱼收成极小，沙丁鱼也大多转到了智利海域。这次厄尔尼诺还在更大的太平洋范围造成了影响，台风改变了原来的路线，袭击了素无恶劣天气的夏威夷和塔希提岛。西太平洋地区因季风雨东移而出现旱灾，并引发了印度尼西亚和澳大利亚的森林火灾。冬季暴风雨袭击了美国加利福尼亚州南部，也使美国南部广大地区造成洪涝灾害。所有这些，使这期间的世界经济遭受了810亿美元的损失，给人类带来的苦难则无法估计。

1997～1998年，又一次强劲的厄尔尼诺影响了太平洋岛国。如密克罗尼西亚联邦和马绍尔群岛等国家普遍遭受了几个月的极度干旱。从1997年12月至1998年4月，5个月的降水量在密克罗尼西亚联邦庞佩州只有多年平均值的19.8%（1982～1983年厄尔尼诺时为12.7%），在楚克州只有16.2%。厄尔尼诺在中太平洋地区造成的大干旱，除了酿成淡水供应的困难外，还使许多椰子树枯萎、死亡。也使当地粗放的天然农作物大减产。只有联合国援助项目钻井的试点地区，才得到了地下水的灌溉。

"厄尔尼诺"不是一种孤立的海洋现象，它的物理过程十分复杂，科学家们对"厄尔尼诺"的形成机制虽然有了一定的了解，但还不完全清楚。

▶ 知识点

加拉帕戈斯群岛

加拉帕戈斯群岛，又称科隆群岛。位于太平洋东部的赤道上，它是厄瓜多尔共和国的一个省。于北纬1°40′～南纬1°25′和西经89°14′～92°1′之间。由19个岛及附属小岛及岩礁组成，离厄瓜多尔本土1100千米，跨赤道两侧。陆地总面积约7994平方千米，散布在约59500平方千米的海面上。存有一些不寻常的动物物种。例如陆生鬣蜥、巨龟和多种类型的雀类。被人称做"独特的活的生物进化博物馆和陈列室"。1835年达尔文参观了这片岛屿后，从中得到感悟，为《进化论》的形成奠定了基础。

延伸阅读

拉尼娜现象

拉尼娜是指海洋中的赤道的中部和东部太平洋，东西上万千米，南北跨度上千千米的范围内，海洋温度比正常温度东部和中部海面温度偏低0.2摄氏度，并持续半年（与厄尔尼诺现象正好相反）。是气象和海洋界使用的一个新名词。意为"小女孩"（圣女婴），正好与意为"圣婴"的厄尔尼诺相反，也称为"反厄尔尼诺"或"冷事件"。

拉尼娜现象常与厄尔尼诺现象交替出现，但发生频率要比厄尔尼诺现象低。拉尼娜现象出现时，我国易出现冷冬热夏，登陆我国的热带气旋个数比常年多；印度尼西亚、澳大利亚东部、巴西东北部等地降雨偏多；非洲赤道地区、美国东南部等地易出现干旱。

南、北纬30度探秘

不知是出于偶然的巧合，还是存在某种内在联系，地球上南、北纬30度附近有许多怪异的现象。

这一纬度上有世界上最高的青藏高原和珠穆朗玛峰以及最深的西太平洋马里亚纳海沟；世界上几条著名的大河，如美国的密西西比河、埃及的尼罗河、伊拉克的幼发拉底河、我国的长江等，都在北纬30度入海。

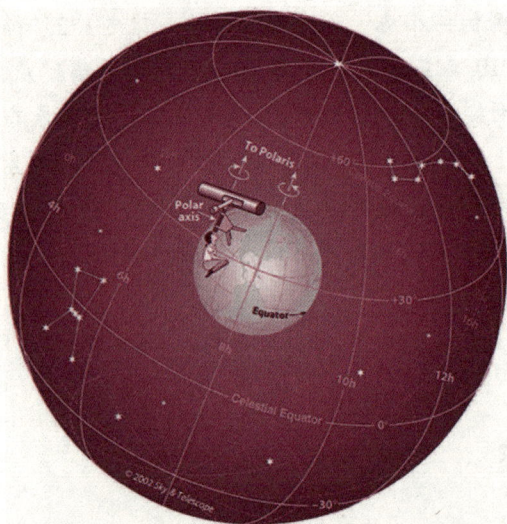

地球的经纬线

在这一纬度上，山川怪异，奇观绝景比比皆是。仅我国就有举世闻名的钱塘江大潮、安徽的黄山、江西的庐山、四川的峨嵋山及湖南的马鬃岭等，都是奇异幽深的地方。

在这一纬度上有很多著名的自然之谜，如：埃及金字塔之谜与狮身人面像之谜、撒哈拉沙漠之谜、大西洋诸岛沉没之谜、死海形成之谜、百慕大三角之谜、美国圣塔柯斯镇斜立之谜等，不胜枚举。

更令人迷惑不解的是，这一纬度常常是飞机、轮船失事的地方，被称为"死亡旋涡区"。如果把北纬30°的5个异常区（百慕大、日本本州南部、夏威夷至美国大陆间的海域、地中海及葡萄牙沿海、阿富汗）和南纬30°的异常区域（非洲东南部、澳大利亚西海岸、新西兰北部海区、南美洲东部和东南太平洋中部）以及南、北极各一个异常区在地球上标出，你会发现它们在地球上几乎是等距分布，如果从一个区域向另一个区域划线，那么整个地球就被划成20个等边三角形，每个区都处在这些三角形的接合点上，并且以72°经度的间隔均匀地环绕地球分布，都以相同的角度向东倾斜。

这些异常海区大都处在海洋水域，在海水运动上表现为一种大规模垂直扰动的旋涡，那里的海流、旋涡、旋风及海气相互作用等，都远远比其他地区剧烈和频繁。

例如南半球的非洲东南部沿海被称为"世界上最危险的区域"之一，那里有海洋中最强劲的厄加勒斯海流经过，故以浪大流急而著称于世。1952年至今，至少有12条大船在此沉没，仅1972年此海区就有160人丧生，1974年5月17日，一艘13万吨的挪威油船在此遇难沉没。

南半球其余四个旋涡区大都有暖流经过，海底地形较为复杂或深度变化较大。

这些在地球上排列整齐、分布均匀的死亡旋涡区，不仅给人类带来了灾难，也给人类增添了探求这些自然之谜的兴趣。

人们对这些异常区域所产生的原因作了种种设想，提出了许多假设，如磁和重力异常、磁暴、大气偏差、地震、海震、海龙卷、海啸、激烈的海面波动、时空翘曲、宇宙黑洞、地球内部的死光、引导天外来客的水下信号装置、不明飞行物收掠地球上的人的载体、太阳短时间的炫耀、遮盖天体的光、某些星体按一定规律的排列以及隐藏在异常区周围的一种不祥之神的黑色幕罩等等，不一而足。但所有这些解释却不能令人满意，飞机和船只遇难还在继续发生。

处于南、北纬30°的各种自然谜团，正等待着人们去探索和破解。

知识点

磁　暴

磁暴即当太阳表面活动旺盛，特别是在太阳黑子极大期时，太阳表面的闪焰爆发次数也会增加，闪焰爆发时会辐射出 X 射线、紫外线、可见光及高能量的质子和电子束。其中的带电粒子（质子、电子）形成的电流冲击地球磁场，引发短波通讯中断，所以被称为磁暴。磁暴有时会增强大气中电离层的游离化，也会使极区的极光特别绚丽，另外还会产生杂音掩盖通讯时的正常讯号，甚至使通讯中断，也可能使高压电线产生瞬间超高压，造成电力中断，也会对航空器造成伤害。

延伸阅读

经纬仪

经纬仪是测量工作中的主要测角仪器。由望远镜、水平度盘、竖直度盘、水准器、基座等组成。测量时，将经纬仪安置在三脚架上，用垂球或光学对点器将仪器中心对准地面测站点上，用水准器将仪器定平，用望远镜瞄准测量目标，用水平度盘和竖直度盘测定水平角和竖直角。按精度分为精密经纬仪和普通经纬仪；按读数设备可分为光学经纬仪和游标经纬仪；按轴系构造分为复测经纬仪和方向经纬仪。此外，有可自动按编码穿孔记录度盘读数的编码度盘经纬仪，可连续自动瞄准空中目标的自动跟踪经纬仪，利用陀螺定向原理迅速独立测定地面点方位的陀螺经纬仪和激光经纬仪，具有经纬仪、子午仪和天顶仪三种作用的供天文观测的全能经纬仪，将摄影机与经纬仪结合一起供地面摄影测量用的摄影经纬仪等。

地界水域之谜

在美国加利福尼亚州有个"怪秘地带"，是一个颠覆了牛顿定律的地方，令科学家十分费解；百慕大三角区、东亚"龙三角"，许多年来不断发生船只、飞机神秘失踪的事件，令人恐怖，然而人们却无法解释这些遇难事件的原因；在我们生活的世界上隐伏着若干让人谈虎色变、不寒而栗的"死亡谷"，然而对其致人死亡的原因却一知半解；南极，一个极其寒冷的冰雪世界，然而，不可思议的是在这极冷的世界里竟然存在着一个"不冻湖"；雄秀天下的峨眉山，在其悬崖峭壁间，布满了仙窟神洞，其中的三霄洞在近代发生过一起骇人听闻的惨案，其神秘怪诞至今仍无人能解释；……

颠覆牛顿定律的"怪秘地带"

美国加利福尼亚州圣塔克斯镇郊外的"怪秘地带"，是一个令科学家为反常的地球重力表现伤脑筋的地方。如果你想去，从加州海滨城市旧金山驱车南行，大约两个小时就可到达圣塔克斯小镇，然后再行车5分钟的光景，就会受到"怪秘地带"的欢迎。这里的游客总是很多。

森林包围在四周，风拂林吟，气氛悚然。在空地的木栅门上高挂着标有"怪秘地带入口处"的牌子。进了这道门，就如同来到另外一个世界，令你

加利福尼亚州风光

处处惊奇——其实每个新来的游客都不免如此。

你看，两位日本人矢追和大桥在干什么？原来他们在踩着两块石板比个头呢。这两块石板看起来很普通，每块长约50厘米，宽约20厘米，彼此间距约40厘米；它们就摆在进门后不远的地方。这是两块"天然魔术"板。

矢追和大桥各选一块石板站好，再相互交换站立的位置。这个时候，他俩和周围的游客简直不敢相信自己的视力了：就见身高仅1.64米的矢追倒显得比身高1.80米的大桥还高大、魁梧得多。再来交换一次位置，大桥转眼间特别高大起来，矢追一下子矮小得可怜。他们就这样来回交换着位置，他们的身高也随着来回变化着，忽而伸长，忽而缩短。

用卷尺测量一下身高吧——尽管表面看来身高在变来变去，可用卷尺测得的数据依然是原来的身高，一点儿没变。矢追和大桥又认真地用水平仪测量了石板，两块石板也确实处在同一水平面上。这一切到底是怎么回事？游人们可没功夫去多想。秘密也许就在石板上吧。

离开石板，就要准备爬坡了。沿着一条坡度极大的坡道，游人们兴致冲冲地朝"怪秘地带"中心走去，沿途只见周围的树木全都向一个方向倾斜着，好像刚刚遭受了强台风的袭击。走着走着，有人发现看不到自己的脚尖了。原来不知不觉当中，身子已经极度倾斜了，几乎达到平行坡道的地步了。然而每个如此行走的游人，却都步履稳健，并不觉得有什么别扭。

建造年代不详的简陋的小木屋立在"怪秘地带"的中心，由木板搭成的围墙与木屋之间留出了供游客逗留的空地。这里的木屋也在明显地倾斜着，与树木倾斜的方向一样。游人们的身子依然无法挺直，憋足劲也没有用，全都不由自主地朝一个方向倾斜着身子。许多人侧歪着身子边走边笑、边跳边叫，感觉似乎比平常还好受些。这真是一种难以言喻的奇景，无法捉摸的引力改变了人们的行为。

当跨入狭小的木门，进入小木屋时，要小心些才好，屋里立刻会有一股强大的力量向你袭来，似乎要把你推到重力的中心点去。敏捷的人虽然可以就近抓牢把手，与这股力量抗争，但不出10分钟，你就会感到头昏眼花，像晕船一般难受。

有时，好奇的游客会伸出双臂，向上用手抓住天花板的横梁；你若站在一旁看去，就会发现那悬挂着的身子没有与地面垂直，而是倾斜到一边。这不算什么。科学家已经验证，这地方的任何悬挂物，都无法与地面形成直角，总是呈现自然倾斜状态。

一直为游客讲解的老向导开始表演了。他不用扶持，稳当当地从木屋板壁接地边沿踩上去，顺着板壁步步高升。当他斜立在板壁高处，微笑着向下招手时，游客们都为他身怀"飞檐走壁"的绝技而吃惊。随后，大家也都学着老向导的样子走上板壁。哈！原来如此容易，如同在平地散步一般。这种走法，在其他地方是任何训练有素的杂技演员也望尘莫及的。

小木屋里的怪事还有不少呢。看到那块向外伸展的木板没有？它的外端明显地向上倾斜，可当你把一只高尔夫球放在木板顶端时，它并不会沿斜面往下滚动。即使用手推动它，球儿也是被迫往下滚几圈，然后再自动滚上来；当它顺着木板顶端滚落时，你可不能在垂直方向去接它，因为它是不管什么"自由落体"规律的，而是按着倾斜的方向掉下来。小木屋里的"钟摆"也够古怪的。一根悬挂在天花板横梁上的铁链，其下端系着一个直径约25厘米、厚约5厘米的圆盘状物体，这就是供游人们赏玩的"钟摆"了。当然，它悬挂的角度也是倾斜的。别看它很沉重，当你从一个特定方向推动它时，只要手指轻轻一点，它就会向前摇晃起来；但你若从相反方向来推它，它则纹丝不动，即使双手运足力气，也只能移动分毫而已。

按照常规来看，钟摆被推动起来后，它会按一左一右、一右一左的规则摆，幅度由大而小，最后以垂直状态静止下来。然而，小木屋的这个"钟摆"却很独特。在它受到冲击后，最初是按常规左右摇摆几下，但随后它就按圆圈的方向摇摆起来，一会儿朝左旋转几圈，一会儿朝右旋转几圈；每隔五六秒钟，就自动改变摇摆方向一次，间或前后摇摆或左右摇摆。如此周而复始，历久不衰。

圣塔克斯"怪秘地带"发生的种种奇异现象，都是违反牛顿的重力定律的。地球重力场在这个弹丸之地的突出的异样存在，带给现代科学的不仅仅是困惑。同时，它也为富于探索精神的人们提供了一个新的认识窗口。

> **知识点**

加利福尼亚州

加利福尼亚州，简称为加州，是美国西部太平洋岸边的一个州，在面积上是全美第三大州，人口上是全美第一大州。加利福尼亚无论是在地理、地貌、物产、还是人口构成上都十分多样化。由于早年的淘金热，加州有一个别名叫做黄金州。面积42.3万平方千米。人口3387万（2000年），其中50%聚居在洛杉矶和圣弗朗西斯科（旧金山）一带。拥有全国50%以上的华裔和墨西哥裔美国人（契卡诺人）。圣弗朗西斯科的唐人街是华人最密集的居住区。首府萨克拉门托（又名沙加缅度）。该州制造业发达，部门齐全，产品种类繁多，产值及就业人数均居全国第一。有多座美术馆、享有国际声誉的旧金山歌剧团及洛杉矶交响乐队、影都好莱坞及加州大学等文教机构。

> **延伸阅读**

牛顿三大定律

牛顿第一定律（惯性定律）：表述一：任何一个物体在不受外力或受平衡力的作用时，总是保持静止状态或匀速直线运动状态，直到有作用在它上面的外力迫使它改变这种状态为止。表述二：当质点距离其他质点足够远时，这个质点就做匀速直线运动或保持静止状态。即：质量是惯性大小的量度。

惯性大小只与质量有关，与速度和接触面的粗糙程度无关。

牛顿第二运动定律：物体随时间变化之动量变化率和所受外力之和成正比。说明：物体的加速度跟物体所受的合外力成正比，跟物体的质量成反比，加速度的方向跟合外力的方向相同。

牛顿第三运动定律：两个物体之间的作用力和反作用力，在同一直线上，大小相等，方向相反。说明：要改变一个物体的运动状态，必须有其他物体和它相互作用。物体之间的相互作用是通过力体现的。并且指出力的作用是相互的，有作用力必有反作用力。它们是作用在同一条直线上的，大小相等，方向相反。

磁力旋涡地带之谜

在美国俄勒冈州格兰特狭口外的沙甸河地区，有一个方圆50米的神奇磁力旋涡地带，目睹这不可思议的奇妙景象，人人都会目瞪口呆，惊叹不已。

如果有人骑马前去，马一到这个地方就会停蹄不前，本能地回避，任你鞭打牵拉，它会惊恐而嘶叫起来，惶惶而不肯前进半步。在蓝天中飞翔的小鸟，一旦飞抵此上空，就像被什么东西吸住似的，会突然跌落下来。经过一阵苦苦颤抖和挣扎，慌慌张张地急忙逃往它地。四周的树木，则都向着磁力圈生长，与远处笔直向上生长的树木形成明显的对比。

这个被称为俄勒冈旋涡地带经精密仪器测定，显示出一个直径为50米的

俄勒冈州的沙甸河地区

磁力圈。这个磁力圈并非固定不变，它是以9天为一个周期循圆形轨道移动。圈内有一栋破旧歪斜的木屋，很早以前，它是金矿的办公处。1890年，办公处迁往别的地方，这里一直无人居住，荒废得破烂不堪。走进屋内，如同进入另

一个世界，人们会感觉到有一股强劲的拉力把你往屋内和往下拉。这时如果你想倒退出来，就会感到有一种神秘的魔力死死地拉住你不放，仿佛有根无形的绳子牢牢牵拉住你似的。这就是旋涡影响大气压力，产生了新的重力而强烈地吸引着你。假如你想在这儿挺直腰杆站立，身体会不由自主地自然而然地向磁力中心倾斜10°左右。

在小木屋里，抽烟时喷出的烟雾，开始时会在空中打旋转，继而越旋越快，最后向着磁力中心飘流，直至消失。假若有人想把一个空酒瓶搁在斜放的木板上，即使靠近磁力中心的一边位置较低，空酒瓶并不会向较低的那边滚落，而仍会向靠近磁力中心地势较高的一边滚去；若把圆球放在旋涡磁力圈内，圆球会自动向磁力中心滚去；若把一张纸撕成小碎片散掷于屋内，碎片就会在空中卷进旋涡中，然后在磁力中心点纷纷落下来，好像有人在空中搅拌碎纸似的。

过去有人认为这是天上的凶神在恶作剧，可经科学工作者20多年来的调查研究和无数次科学实验，证实了这是地球的旋动力和电磁力的引力所造成的缘故。至于为什么偏偏只有这里有电磁力引力，至今还是无人破解的谜团。

知识点

俄勒冈州

俄勒冈州是美国的一个州，州名印第安语意为"美丽之水"。位于美国西北海岸，西临太平洋、北接华盛顿州、东面是爱达荷州、南面是加州和内华达州。面积25.1万平方千米。人口1892.2万（2011年）。首府塞勒姆。最大城市波特兰。地形起伏较大，西部有喀斯喀特山脉和海岸山脉，东半部全为高原。西部沿岸多雨，东部高原少雨。农作物以小麦、蔬菜和水果为主。畜产主要有牛、家禽和奶制品。沿海和哥伦比亚河盛产金枪鱼和鲑鱼。全州土地约有一半覆盖森林。森林工业在经济中占有重要地位。软质木材产量占全国的1/5，胶合板占1/2，硬质纤维占1/4。其他工业有造纸业、印刷业、食品加工业、机械工业及工具工业。西南部里德尔附近有美国唯一的镍矿。东南部产水银。

延伸阅读

地磁起源之谜

第一种观点是：地球内部有一个巨大的磁铁矿。这种想象很快被否定了，因为即使地球核心确实充满着铁、镍等物质，但是这些铁磁物质在温度升高到760℃以后，就会丧失磁性，而地心的温度高达摄氏五六千度。

第二种观点是：地球的环形电流产生地球的磁场。因为地心温度很高，铁镍等物质呈现熔融状态，随着地球的自转，带动着这些铁镍物质也一起旋转起来，使物质内部的电子或带电微粒形成了定向运动。这样形成的环形电流，必定像通电的螺旋管一样，产生地磁场。

第三种观点是：地球内部导电流体与地球内部磁场相互作用的结果，也就是说，地球内部本来就有一个磁场，由于地球自转，带动金属物质旋转，于是产生感应电流。这种感应电流又产生了地球的外磁场。因此这种说法又称做"地球发电机理论"。这种理论的前提是有一个地球内部磁场，那么，这个地球内部磁场又是来源于什么地方呢？

此外还有旋转电荷假说、漂移电流假说、热电效应假说、霍耳效应假说和重物旋转磁矩假说等等，这些假说都有不能自圆其说之处。

可怕的魔鬼三角区

数百年来，在美国大陆东南部的大西洋里，从佛罗里达半岛的南端到百慕大群岛和波多黎各岛，连成一个三角形的海区，三角形各边长度大约在2000千米左右。

在这个三角海区，不断发生船只、飞机神秘失踪的事件，人们无法解释这些遇难事件的原因，惊恐地把这一地区称为"魔鬼三角"，习惯称之为百慕大三角区。一些从事海洋或航空事业的人，更是谈虎色变，把这一带形容得很可怕。

翻开当年哥伦布的航海日志，可以发现曾有这样的记载：1502年著名航海家哥伦布率领探险船队驶经这一海区，正当他们观赏着风和日丽、海面如

百慕大三角

镜的海上美景时，骤然间风云突变，狂风怒号，浊浪排空，几十米高的海浪一个接一个向船队扑来，船只颠簸起伏，好像要被巨浪吞没。船员们个个惊恐万分，他们坚持了八九天，历尽了千辛万苦，才侥幸脱离了危险。事后，哥伦布心有余悸地向国王禀报说，他一辈子从未见过那么凶恶而持久的风暴。

哥伦布当年的航海记录，也许是人类关于魔鬼三角第一次明确的记载。

要说，在不发达的中世纪，航船在海上横遭不测似乎可以理解。但在科学发达的今天，这里仍是航海者的克星，那就不好解释了。

1925年4月18日，满载着小麦的日本远洋轮船"来福丸"在百慕大海区突然失踪，当时这个海区正风平浪静。

1944年在美国佛罗里达半岛附近出现了一条奇怪的船，挂古巴旗，叫"鲁比康"号。这条船完好无损，可船上连个人影也没有，水手们全都神秘失踪了。船上活着的生物只有一只小狗，遗憾的是，它不能告诉人们船上究竟发生了什么事。

1945年12月5日，美军佛罗里达洛德代尔堡基地第19海军飞行中队的5架"复仇者"鱼雷轰炸机，在百慕大三角海区上空进行训练，当时轻风细浪，浩浩海天，白云飘缈，真是一个少有的好天气。几个小时后，飞行员向基地发回一连串莫名其妙的报告，然后就不知去向。美国政府对这一事件极为震惊，出动几十艘军舰、几百条快艇、300多架飞机，在失事海域进行了一次空前规模的搜索救援活动，可是，他们连一块飞机碎片和一滴浮油也未见到。20年后有人在距出事地点3000千米之外的墨西哥西北部的索诺拉沙漠中，发现了这5架飞机，它们完好无损，连油箱也是满满的，唯独缺少机组人员。他们上哪去了呢？科学家们大惑不解。

1963年，具有现代化导航和通讯系统的美国油轮"凯恩"号经过这片海域时，一切信号突然中断，从此杳无音信。

　　1973 年 3 月某天，天气晴朗，海况平静，一艘载有 32 人的汽艇在这里游玩时，突然旋转下沉，永远销声匿迹。

　　1977 年 2 月的一个傍晚，一位探险家和他的朋友，乘一架水上飞机来到这里。当他们正要吃晚饭时，突然发现刀叉全弯了，而且飞机上的钥匙全变了形，罗盘偏转了几十度，录音机里录到了许多奇怪的噪声。由于事先有防备，他们迅速地离开了这里，免遭一场不测。

　　诸如此类神秘失踪事件还有很多。是什么原因使这片海域变得如此可怕呢？几十年来，科学家们一直力图弄清这个奇怪的现象，提出了许许多多的假说。

　　海洋学家解释说：黑西哥暖流从这里北上，产生了复杂的涡旋现象，其结果这一海区就像一只大漏斗，周围高，中心低，船只航行到这里，稍有不慎就会被吸进去。

　　地球物理学家则解释道：地球的核心在液态的岩浆中到处飘泊。由于引潮力的作用，地核的运动是不规则的，有时产生地震，有时产生火山喷发，同时也会使地壳下沉，海水流进大洋底部的地壳里，从而产生了种种异常的海况。有些地质学家说得更过分，他们认为，百慕大三角海区下面有个大洞，海水从这里流进去，穿越美洲大陆，然后在太平洋东南部的圣大杜岛海面重新冒出来。1980 年 1 月，瑞典学者阿隆森用一部电脑和 5 万公升鲜红的水，给各国的地质学家作表演，引起了轰动。联合国的一位官员甚至认为，这个地球上最神秘的自然之谜已经揭开。

　　有些天体物理学家认为：那些飞机和船只失事的日子，正好是新月或满月（望、朔），这时月亮、地球和太阳处在一条直线上，引潮力最大，于是引起地球磁场扰动，从而使飞机船只的导航设备失灵，造成失事。

　　声学家则认为：空气中存在着一种次声波，它的频率比声波要低。这种次声波弱的可以使人晕船，中等强度的可以扰乱人的消化系统和神经系统，使人体力衰退；而当这种次声波频率达到 7 赫兹时，就会致人于死地。火山、地震、台风都能成为次声源。声学家还特别指出，暴风雨来临前，海上会产生 6 赫兹的次声波。可是，飞机和轮船在魔鬼三角失事时，大多并非在暴风雨中，而是赶上风平浪静的好天气，这又怎么解释呢？他们解释说，次声波能传播上千千米远，它们往往到那些平静的海区去寻找牺牲品，假若次声波振幅较大，那就具有很大的杀伤力，船上的人被这种听不见的声音所折磨，导致精神混乱，最后跳海而亡。前面提到的怪船"鲁比康"号，船上的水手可能就是这样失踪的。

美国和法国的一支专家调查队曾在魔鬼三角西部海域，发现了一座巨大的海底金字塔。塔上有两个巨大的水洞，水流以惊人的速度流过，使这一带海面雾气腾腾，浪潮狂涌。有人认为，这座海底金字塔的强大磁场，是使一些飞机和舰船神秘失踪的罪魁祸首。

有关魔鬼三角的科学假说，还可以举出很多，可是，无论哪种观点，都不能令人折服，都有一些不能自圆其说的地方。至今，魔鬼三角里飞机、舰船频繁神秘失踪的原因，依然是个谜。

在亚洲有一个与百慕大"魔鬼三角"齐名的三角海区，这就是东亚"龙三角"。两片海区近似对称地分布在地球的两侧。"龙三角"大体位于日本东京湾、小笠原群岛、关岛和台湾西部的雅蒲岛之间。

日本人把这片海域视为"魔鬼海区"是从 1955 年开始的。当时，在风平浪静的晴日里，该海区发生了数起百吨以上的大型船只不留痕迹地神秘失踪事件。为此，日本政府派出一艘渔业监视船"锡比约丸"前往调查。岂料，此船在进行了 10 天毫无结果的海上搜寻后，也突然同陆上导航站失去联系，从此再不知去向了。迄今这类原因不明的海船失踪事件已屡见不鲜。

据日本海保安厅航行安全科调查，仅 1953～1972 年 19 年间，就有 161 艘大小船只在此突然失踪！

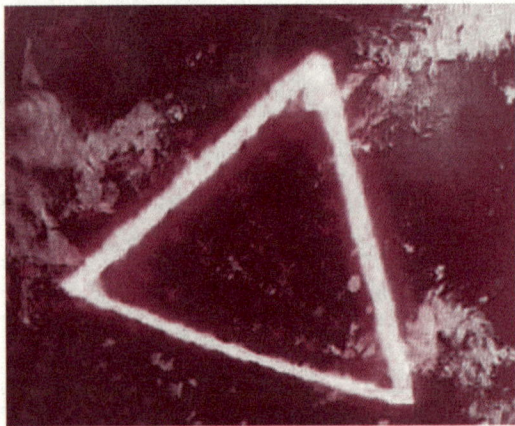

龙三角

如同百慕大"魔鬼三角"那样，船只和飞机进入"龙三角"水域时，经常会出现罗盘失灵、无线电通讯中断等现象。也会碰上突然出现的巨浪、海雾、狂风、旋涡以及突然涌出的浓雾。这里经常出现"三角浪"，即巨浪同时从三个方向向船只打过来。从海底地貌等自然条件来看，"龙三角"同"魔鬼三角"这两处海区相差无几。同时，它们都同样隐匿着未知的神秘性，带来那众多船舰及飞机的失踪。

在"龙三角"上空失踪的众多飞机中，有一架 HK－8 日本侦察机。该机在硫黄岛附近失踪前，飞行员传回的电讯内容十分惊人："天空发生了怪事……天空打开了……"说到这里，电讯突然断了。此后，与这架飞机就失去联络，机上全部人员也随之消失无踪。

1957 年 4 月 19 日，日本轮船"吉川丸"沿"龙三角"航线由南太平洋驶向归国途中，船长和水手们突然清楚地看到"两个闪着银光、没有机翼、直径 10 多米长、呈圆盘形的金属飞行物从天而降，一下子钻入了离轮船不远的水中，随后海面上掀起了奔腾的涌浪。

1981 年 4 月 17 日，"多喜丸"航行在日本东海岸外海。忽然间，一个闪出蓝光的圆盘状物体从海中冒出来，掀起一阵大浪，差点把"多喜丸"打翻。它在空中盘旋着，速度极快，无法看清它的外表细节，直径约在 200 米左右。在它出现时，船上无线电失灵，船上仪表的指针也乱成一团，疯狂地快速旋转。后来，它重新飞回海中，又造成大浪，把"多喜丸"的外壳打坏了。船长臼田计算了一下时间，来自海中的发光飞行物从出现至隐没共约 15 分钟；然而就在它钻回水下后，船长发现船上的时钟奇异地慢了 15 分钟。

更令人不安的事实是带有核武器的潜艇及飞机的失踪。美国著名学者查·伯尔兹指出："截至目前为止，可能至少有 126 枚核弹头在'龙三角'神秘失踪。"

伯尔兹甚至为此联想到："是不是'龙三角'海底有一股神秘力量在把这些核武器收集起来？"

倘若"龙三角"确实存在这股神秘力量的话，那么其力量会由何方而来呢？英国研究者琼·查瓦德曾进行过 16 年的详尽调查，认定南太平洋在 1.2 万年前存在过一块辽阔的"姆大陆"；"姆"意乃"太阳国度"。大陆上的人们共同创造了灿烂的文化。他们的航海业和建筑业都相当发达，并去大洋诸岛传播了文明。由于一场史无前例的大地震和火山喷发，给"姆大陆"带来了毁于一旦的灭顶之灾；文明的创造者连同他们的故土一同沉入蓝色海洋的深处。

潜水考古学的发现已为有关"姆大陆"的见解提供了必要的依据。譬如在密克罗尼西亚群岛中有一个波纳佩岛，岛上居民世代相传，附近海底有一片沉没的古陆。潜水人员果然在附近海底发现了保留得相当完整的街道、石柱、石像和住宅。他们还从当地海底捞出十分珍贵的黄金和珠宝饰物。

离南美洲3000千米远的太平洋小岛复活节岛，面积约120平方千米，岛上有巨石筑成的石墙、石殿、金字塔等；最吸引人的则是那200余尊面海屹立、形状奇特的半身石雕人像。它们似乎在等待或遥想着什么。岛上土著也口头流传着一个久远的传说，当地从前本是一块称为"希瓦"的大陆，后来由于突变而使大部分地区都沉沦于洋底，只孤伶伶地留下了复活节岛。

值得注意的是，太平洋中的许多岛屿上都留有巨大的石头平台、石头城遗址、石头雕像等；一些地方留下了刚准备使用的巨石或未雕刻完的石像。这表明古人的富有成果的劳动是突然结束的，复活节岛上就清楚地留有这种迹象。这不能不使学者们猜测到："这一地区曾经存在着一个高度文明的种族，他们在以高度的建筑技巧建成大规模城市、雕像与港口后，因为某种我们迄今尚不知道的原因而集体撤离或是集体灭绝，而仅仅留下了壮观的建筑遗迹。"

"姆大陆"上的祖先们会不会因为某种突如其来的灾变而躲避到"龙三角"所在的大洋底部了呢？正如伯尔兹在提到核弹头失踪时所大胆猜想的那样——"龙三角"海底是不是隐藏着某种文明？是不是保留有史前文明留下来的核防卫系统？

▶ 知识点

百慕大群岛

北大西洋西部岛群，在北纬32°18′、西经64°~65°，距北美大陆约928千米。百慕大群岛由7个主岛及150余个小岛和礁群组成，呈鱼钩状分布。百慕大岛最大。仅20个岛有居民。年平均气温21℃。年平均降水量约1500毫米。是世界最北面的珊瑚岛群之一。岛上多火山岩熔，低丘起伏，最高海拔73米。附近水域产鱼和龙虾。工业有船舶修理、小船制造、制药、手工艺品等。气候温和宜人。周围海底富石油气体水合物。常有船舶在此附近海域失踪，被称为神秘的百慕大三角区。

延伸阅读

西地中海"死亡三角区"

西地中海"死亡三角区"的三个顶点，分别是比利牛斯的卡尼古山，摩洛哥、阿尔及利亚、毛里塔尼亚共同接壤的延杜夫，再加上加那利群岛。在这片多灾多难的海域不断发生着飞机遇难和失踪事件。

1975年7月11日上午10点多钟，西班牙空军学院的四架"萨埃塔式"飞机正在进行集结队形的训练飞行。突然一道闪光掠过，紧接着，四架飞机一齐向海面栽了下去。附近的军舰、渔船以及潜水员们都参加了营救遇难者和打捞飞机的行动。他们很快就找到了5名机组人员的尸体。但是这四架刚刚起飞几分钟的飞机为什么要齐心合力朝大海扑去呢？西班牙军事当局对此没有作任何解释，报界的说法是"原因不明。"

有人作过统计，从1945年二次大战结束到1969年的20多年和平时期中，地图的这个小点上竟发生过11起空难，229人丧生。飞行员们都十分害怕从这里飞过。他们说，每当飞机经过这里时，机上的仪表和无线电都会受到奇怪的干扰，甚至定位系统也常出毛病，以致搞不清自己所处的方位。这大概就是他们把这里称做"飞机墓地"的原因吧。

令人自焚的火炬岛

在加拿大北部地区的帕尔斯奇湖北边，有一个仅1平方千米的圆形小岛。当地人称这一小巧玲珑的岛屿为普罗米修斯的火炬。据说，这一名称源于一个古老的传说：当年，把火种带给人们的普罗米修斯准备返回天宫的时候，顺手将已经没用了的火炬扔进北冰洋，然而有火焰的一端并没有沉下去，露在水面继续燃烧，天长日久，便形成一个小岛。经过风吹雨打，小岛上的火渐渐熄灭了。关于小岛的传说也越来越遥远。只是多年以后，它依旧以神奇的魅力诱惑着人们，恰如它令人心驰神往的美丽传说。这就是：人一旦踏上小岛，就会如堕烈焰般自焚起来。

据说早在17世纪50年代，有几位荷兰人来到帕尔斯奇湖。当地人再

加拿大北部风光

三叮嘱他们：千万不要去火炬岛。有位叫马斯连斯的荷兰人觉得当地土著人在恐吓他们：帕尔斯奇湖在北极圈内，在那里，就是燃上一大堆火，恐怕也是难上加难。马斯连斯没有理睬，固执地邀了几个同伴去火炬岛，寻找所谓印第安人埋藏的宝物。他们一行来到小岛边，想起当地人的忠告，几个同伴忽然胆怯起来。转向准备返回去。只有马斯连斯一人继续奋力向前划去。

　　同伴们远远地目送着他的木筏慢慢接近小岛，心里都有些胆战心寒。正当他们刚要离开时，突然看到一个火人从岛上飞奔出来，一下子跃进湖里。那不就是他们的同伴马斯连斯吗？他们立即冲上前去，只见水中的马斯连斯还在继续燃烧，眼看着同伴在疼痛中苦苦挣扎，他们却不敢跳下去……

　　到了1974年，萨斯喀彻温省普森理工大学教授伊尔福德组织了一个考察组，靠近火炬岛进行调查。通过细致的分析，伊尔福德认为，火炬岛上的人体焚烧现象，是一种电学或光学原因。这一观点立即遭到考察组的哈皮瓦利教授的反对：既如此，小岛上为什么会生长着青葱的树木？并且，在探测中还发现有飞禽走兽？

　　哈皮瓦利因而认为：可能是在岛上的某些地段存在某种易燃物质。当人进入该地段后，便会着火燃烧。

正因为他们都认为这种自焚现象是由某种外部因素引起的，因而都穿上了特别的绝缘耐高温材料服装，来到火炬岛上。在岛上，他们并没有发现什么怪异的地方。然而，就在两小时的考察即将结束时，莱克夫人突然说她心里发热，一会又嚷腹部发烧。听她这么一说，全组的人都有几分惊慌。伊尔福德立即叫大家迅速从原路撤回。队伍刚刚往后撤，走在最前面的莱克夫人忽然惊叫起来。人们循声望去，只见阵阵烟雾从莱克夫人的口鼻中喷出来，接着闻到一股肉被烧焦了的气味。

事后，回忆当时的情景时，伊尔福德教授仍然记忆犹新。他说："莱克夫人一开始走在队伍的最前面，我们并没有发现有什么特别的事。燃烧也不是突发的，是她先觉得身体里发热。待焚烧结束后，那套耐火服装居然完好无损，而莱克夫人的躯体已化为灰烬。"

4年后，加拿大自然科学院的阿马尔博士再次冒险前往火炬岛考察，不幸的是，他也未能逃脱厄运。此后，美丽的小岛披上了一层恐惧的面纱，让好奇的人们望而却步。

时隔不久，加拿大物理学院的布鲁斯特教授就这种自焚现象发表讲话。他认为：这种人身自焚现象并非现在才发生，而是历来就有的。他用英国作家狄更斯在小说《荒凉山庄》中的描述来支持自己的观点：1851年，佛罗里达州的一位67岁的老妇被烧成灰烬。布鲁斯特认为，这是典型的人体自燃事件，与外界条件毫无关系。它只不过是由人体内部构造产生的。因此，他认为，尽管目前还不明白是什么原因导致的自焚，但可以断定它与人的生活习惯有关。

布鲁斯特的演说立即遭到伊尔福德等人的强烈抨击。伊尔福德认为，人体自焚必定来源于外界因素。

此后，从1974年到1982年，相继有6个考察队前往火炬岛，都无一例外地无功而返。并且，每次都有人丧生。于是，当地政府不得不下令禁止任何人以科学考察的名义进入火炬岛。

如今，火炬岛上已是人迹罕至了。然而，它仍旧一动不动地坐落在帕尔斯奇湖畔，似乎有意等待人们去揭开笼罩在它身上的谜团。

➤ 知识点

普罗米修斯

在希腊神话中，人类是提坦神普罗米修斯创造的。他也充当了人类的教师，凡是对人有用的，能够使人类满意和幸福的，他都教给人类。同样的，人们也用爱和忠诚来感谢他、报答他。但最高的天神领袖宙斯却要求人类敬奉他，让人类必须拿出最好的东西献给他。普罗米修斯作为人类的辩护师触犯了宙斯。作为对他的惩罚，宙斯拒绝给予人类为了完成他们的文明所需要的最后的物品——火。但普罗米修斯却想到了一个办法，用一根长长的茴香枝，在烈焰熊熊的太阳车经过时，偷到了火种并带给了人类。于是，宙斯大怒，用一条永远也挣不断的铁链把他缚在一个陡峭的悬崖上。此外，宙斯还派一只鹫鹰每天去啄食他的肝脏，白天肝脏被吃完了，但在夜晚又长出来。这样，他所承受的痛苦便没有尽头了。直至几千年后大力士赫拉克勒斯用箭射死神鹰，用石头砸碎铁链，将他解救出来为止。现在我们常把普罗米修斯比喻为成全他人而宁愿牺牲自己的人。

延伸阅读

人体自焚

1990年8月，比利时布鲁塞尔市，一对青年情侣在马路上散步，27岁的雷斯情不自禁地紧紧将未婚妻蒙那米拥抱在怀里，岂知两人身上开始冒烟，背上起火，火焰一直窜到约5米高，不一会儿，两人在马路旁变成了一堆焦灰。在同一月份，法国巴黎圣玛丽大学女生马斯，上完体育课后去浴室洗澡。她全身淋满水有说有笑地和同学们聊天，水很凉，但她却抱怨水太热，恰在这时她体内突然冒出浓烟，紧接着整个人变成一团火球，几分钟后除了地上的一堆骨灰外，马斯杳无踪影。

"人体自焚"起于何因？众说纷纭，有的认为是虚假报道，有人认为是人体内有过量的脂肪引起的。有些人认为，人体自焚是由于某种天然的"电流体"造成体内可燃物质燃烧。还有人认为是由于体内磷质过多。更有趣的是有人认为这是由于喝了过量的酒，酒精发生自燃的现象。还有一种解释是球形闪电作恶，等等。

死亡谷之谜

在世界上一些人迹罕至的地方，隐伏着若干让人谈虎色变、不寒而栗的死亡之地，鸟类、爬行动物或人类都无法进去，如进去，往往立即死亡。人们把这些地方称为"死亡谷"。对这种奇特的自然现象，许多科学家曾长期进行研究和探索，有的"死亡谷"头上笼罩的面纱已被彻底揭开，如苏联勘察加半岛克罗诺基自然保护区内的"死亡谷"，是由于那里积聚了足以使人窒息的毒气——碳酸气和硫化氢同时发生作用的剧毒挥发性氰化物。我国昆仑山内的"魔鬼谷"是由于隐藏丰富的磁铁矿而造成频繁雷击所至。而埃及西部沙漠之中的"死亡谷"，却是众多的蚁狮所为。但世上仍有许多"死亡谷"，至今还是无法揭晓的奇谜。

在美国加利福尼亚和内华达州毗连地带，有一个"死亡谷"，它长225千米，宽6～26千米，面积1408平方千米。山谷两侧悬崖峭壁，山岭绵延。这里的气候极端炎热干燥。1848年，一队外来移民误入谷地，迷失方向，大都葬身谷底，连尸体都找不到。1949年，美国一支勘探队冒险进入"死亡谷"，几乎全部死亡，其中有几个人侥幸脱险爬出，过后不久也不明不白地死去。后来，又有不少人前去探险，结果也屡屡身亡。最令人难以理解的是，这个被死神统治的地方，竟是飞禽走兽的"极乐世界"。据初步统计，这里繁衍着230多种鸟类，19种蛇类，17种蜥蜴，1500多头野驴，还有各种各样、多如牛毛的昆虫，草本植物随处可见。究竟是什么原因这里会威胁人的生命，却不伤害这些飞禽走兽？人们至今疑惑未解。

据美国科学家考证，"死亡谷"在非常遥远的古代经历了多次沧海桑田的变化，才演变成今天奇特的面貌。距今约3000万年前，由于这一带地壳运动频繁，埋在地下的岩层受到两侧重压力的挤压，褶成弯曲状，有的地方隆起凸出，成为高地或山岭，有的地方凹下，成为河流或盆地。"死亡谷"就

死亡谷中会"走路"的石头

是一狭长形的闭塞盆地。以后气候渐变炎热干燥。到距今2000万年前，地壳再次发生剧烈的褶皱和断裂，沿着断裂地带形成了一条深达1200多米的大断层。很厚的沉积物把大断层覆盖了，长时期以来没有被人们发现。有些学者推测，一些人误入"死亡谷"，迷失方向，可能是踏进大断层上面的沉积物而掉入大断层的深渊中导致死亡的，所以连尸体也不见了。

"死亡谷"里有丰富的卤素矿、硼砂矿等。有些学者认为，可能在谷底某一部位地下藏有某种至今尚未查明的剧毒矿物元素，当人们靠近这种矿物时，就会中毒死亡。这只是一种猜测，尚难定论。

"死亡谷"也不是绝对的禁区，有些人却能安然无恙地通过"死亡谷"，未发生过意外。在"死亡谷"边缘一些怪石林立、峰岭险峻的地段，已辟为自然奇景区，向游人开放。

美国科学家认为，这个"死亡谷"是一个不寻常的自然之谜，要彻底查明一部分人进入谷地死亡的原因，还有待今后进一步深入探索和研究。

➡ **知识点**

氰化物

　　氰化物拥有令人生畏的毒性，然而它们绝非化学家的创造，恰恰相反，它们广泛存在于自然界，尤其是生物界。氰化物可由某些细菌，真菌或藻类制造，并存在于相当多的食物与植物中。在植物中，氰化物通常与糖分子结合，并以含氰糖苷形式存在。比如，木薯中就含有含氰糖苷，在食用前必须设法将其除去（通常靠持续沸煮）。水果的核中通常含有氰化物或含氰糖苷。如杏仁中含有的苦杏仁苷，就是一种含氰糖苷，故食用杏仁前通常用温水浸泡以去毒。人类的活动也导致氰化物的形成。汽车尾气和香烟的烟雾中都含有氰化氢，燃烧某些塑料和羊毛也会产生氰化氢。

🎁 **延伸阅读**

会走路的石头

　　死亡谷中自然奇观很多，最吸引人的要算"会走路的石头"。石头大小不一，外观平凡，奇怪的是每一块都在地面上拖着长长的凹痕，有的笔直，有的略有弯曲或呈之字形。这些痕迹看来是石头在干盐湖地面上自行移动造成的。有些长达数百米。

　　加州理工学院的地质学教授夏普选了30块石头，逐一取了名字，贴上标签，并在原来的位置旁边打下金属桩作为记号，看看这些石头会不会移动。除了两块外，其余的都离开了原来的位置。不到1年光景，有一块已移动数次，共"走"了287米。

　　夏普研究了石头的"足迹"，并查核当时的天气情况，发现石头移动是风雨的作用；移动方向与盛行风方向一致，这是有力的佐证。于盐湖每年平均雨量很少超过70毫米，但是即使微量雨水也会形成潮湿的薄膜，使坚硬的黏土变得滑溜。这时，只要附近山间吹来一阵强风，就足以使石头沿着湿滑的泥面滑动，速度可高达每秒 1 米。

印尼爪哇谷洞吞物之谜

印度尼西亚的爪哇岛上有一个活物禁入的区域，这就是凶名赫赫的印尼死亡谷——爪哇谷洞。

此谷中有 6 个大山洞，洞呈喇叭状，都是大陷阱。不用说"误入"谷洞者性命难保，就是保持不当距离者也难幸免。当人或者动物从洞口经过时，会被一种强大的吸引力"拖入"谷洞而被吃掉。就是离洞口还有 6~7 米距离，也会被魔口"吸"进去，一口吞下。据当地人讲述，谷洞里已是白骨累累，难以分清哪些是人骨，哪些是兽骨。

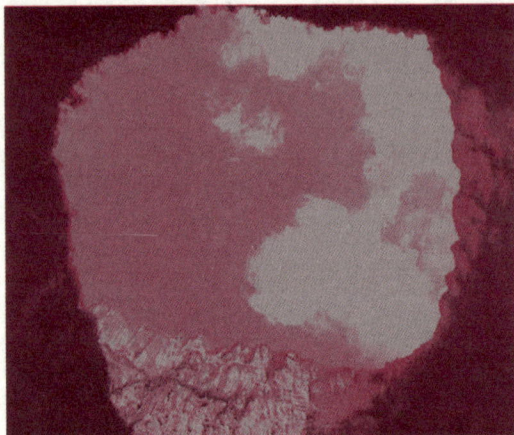

印尼爪哇谷洞

为了揭开爪哇谷洞的谜团，1968 年，德国的地质学家拉克索·席勒带队的考察小组来到了这里，为了这次考察成功，他们带来了大量的仪器，其中还包括了用于航天科考的工程机器人。考察小组在爪哇谷洞附近安营扎寨，还专门搭建了一间放置各种电子设备的简易房间。前前后后忙碌了近一周的时间，当各项设施都准备完成后，才发现小组里一位专门负责卫星通讯的工程师失踪了。随后所有人都在附近仔细寻找，最后在一个仅容一人通过的洞穴附近找到了这位工程师的工具包。

近三天的搜寻，在搜索毫无结果的情况下，考察小组只能重新从国内抽调一位通讯工程师，并把搜寻失踪人员的工作交由印尼政府展开。经过近一个月的不断考察，小组人员都被爪哇谷洞的神秘所折服了，所有的设备在爪哇谷洞面前都毫无用处，甚至有一部分设备在使用过程中，因为这里特殊的环境而损坏。唯一的成果就是探明了爪哇谷洞是一个位于地下、四通八达的超级大洞穴，而且这个大洞穴有若干的洞口与外界相连，也就是说，可能你身边某一个毫不起眼的小洞口，一旦"发威"，就会把周围的一切动植物"吞入腹中"。但是考察小组强调，这些洞口也极其容易辨认，如果某一个洞口周围没有植被的话，那么这个洞口就很可能是洞穴的"一张嘴"了。

之后，还有很多人来到爪哇谷洞探险、勘查，但是无一例外地饮恨当场或失望而归，在这里失踪的人数也随着时间的推移不断增多。根据一些科学工作者的说法，爪哇谷洞本身就带有强大的磁场，它会干扰大部分设备正常工作，甚至是让一些精密仪器彻底报废掉。而且这个磁场仅限于这个大洞穴附近，只要离洞穴或是洞口稍微远一些，这个强大的磁场就会消失，至于为什么会这样，没有人知道。

地质学家拉克索·席勒教授说："爪哇谷洞，我们去那里考察了很多次，但是结果却很不好，我的两个同伴都在那里失踪，设备也损坏了不少。虽然以前我们都失败了，但我仍然觉得那里是一个'宝库'，非常大的'宝库'。以我们现阶段的技术，并不能打开那扇'宝库'的大门，甚至谈不上打开，因为我们根本就没有找到那扇门在哪里，现在根本就摸不到的一扇门。可能有的人会不同意我的观点，为什么那个地方就一定是'宝库'，而不是'潘多拉盒子'。也许是吧，但是我的直觉告诉我，即便那里是'潘多拉盒子'，里面所蕴含的东西也是一笔非常宝贵的财富。"

现在，印尼政府把爪哇谷洞方圆五千米设为禁区，禁止任何人进入。但是世界各地的科考小组却从未间断过对此地的考察，当地政府每次都会派遣数名警察带领科考小组进入禁区，且规定了这些人的活动范围，以免发生死亡、失踪事故。

齐纳儿·约瑟夫·加亚是专门负责"禁区"安全工作的警察，他在这里已经工作了多年。"我手里这些文件，全都是在爪哇谷洞附近失踪的，有三十多个。当然，这仅仅是失踪的，而且是近三年的，几千年前就有人在这里失踪，要是一起算的话，那一定是一个非常庞大的数字，我想就算我这间屋子也放不下。除了失踪人口，在这里死亡的人也不少，这些死亡者的名单，都存放在那个大纸箱子里。"

齐纳儿·约瑟夫·加亚常常会看到很多年轻人来到这里，想去爪哇谷洞看一看，"这些人都会缠着我，让我带他们进去。可是我还不想死，或是失踪，我告诉他们，如果你们希望上帝召唤，那就去雅加达蒙上眼罩开车上路，那样的话，你们至少知道自己是怎么升天的。"最近很多人都试图绕开警察，进去一探究竟，可是这些人往往会连哭带喊地从里面跑出来，不是因为有人失踪了，就是因为有人死了。齐纳儿·约瑟夫·加亚说："我在这里长大，现在在这里工作，我知道爪哇谷洞是什么地方，有关那里的凶险的传说，我爷爷的爷爷那会儿就已经有了。为什么还有人想要进去游玩，那可不是游玩的地方，肯定不是。"

至今为止，没有一个人能解释清楚爪哇谷洞到底是一个什么样的洞，它巨大吸力是从何而来？拉克索·席勒教授所说的门到底在哪里？千百年来，这扇门一直都关闭着，什么时候才能打开，谁来打开？这是所有渴望获知真相人的期待。

> 知识点

爪哇岛

印度尼西亚（印尼）是一个由18108个大小岛屿组成的"万岛之国"，爪哇岛就是其中的第四大岛。四面环海的爪哇岛，属热带雨林气候，没有寒暑季节的更迭，年平均气温为25～27摄氏度，雨量充沛。得天独厚的自然条件使岛上热带植物丛生密布，草木终年常青，咖啡、茶叶、烟叶、橡胶、甘蔗、椰子等物产丰富。爪哇岛上河流纵横，风光旖旎，每年都吸引大批来自世界各地的游客前往观光旅游。爪哇岛上有100多座火山，默拉皮火山海拔2968米，是印尼众多活火山中最为活跃的一座。爪哇岛是印尼经济、政治和文化最发达的地区，拥有全国约2.2亿人口中的一半。一些重要的城市和名胜古迹都坐落在这个岛上。印尼首都雅加达是东南亚第一大城市，位于西爪哇北海岸。印尼的古都日惹是中爪哇的中心城市，世界闻名的婆罗浮屠古迹就位于该城北部。

延伸阅读

婆罗浮屠

婆罗浮屠大约于公元 750～850 年间，由当时统治爪哇岛的夏连特拉王朝统治者兴建。"婆罗浮屠"的意思是"山顶的佛寺"。后来因为火山爆发，使这佛塔群下沉并隐盖于茂密的热带丛林中近千年，直到 19 世纪初才被清理出来，与中国的长城、埃及的金字塔和柬埔寨的吴哥窟并称为古代东方四大奇迹。

婆罗浮屠是作为一整座大佛塔建造的，从上往下看它就像佛教金刚乘中的一座曼荼罗，同时代表着佛教的大千世界和心灵深处。塔基是一个正方形，边长大约 118 米。这座塔共九层，下面的六层是正方形，上面三层是圆形。顶层的中心是一座圆形佛塔，被 72 座钟形舍利塔团团包围。每座舍利塔装饰着许多孔，里面端坐着佛陀的雕像。佛塔的建筑材料是取自附近河流的约 55000 立方米石料。这些石料被切成合适的大小和形状，由人工运至建筑地点。石块之间用榫卯连接。建筑完工之后工匠们在石块上刻下浮雕。佛塔建有良好的排水系统，以适应当地的暴雨。为防积水，每个角上都有装饰着滴水嘴兽的排水孔，整座佛塔共有 100 个这样的排水孔。

南极不冻湖之谜

南极，人们一提起它，所想到的第一个问题就是"冷"字，想到那人迹罕至的冰雪世界。在南极，放眼望去，皑皑白雪、银光闪烁。在这 1400 万平方千米的土地上，几乎完全被几百至几平方千米的坚冰所覆盖，零下五六十摄氏度的气温，使这里的一切都失去了活力，丧失了原有的功能，石油在这里像沥青似地凝固成黑色的固体，煤油在这里由于达不到燃烧点而变成了非燃物。然而，有趣的自然界却奇妙地向人们展示了它那魔术般的奇迹：在这极冷的世界里竟然奇迹般地存在着一个"不冻湖"。

科学家们所发现的这个"不冻湖"，面积达 2500 多平方千米，湖水遭到了极其严重的污染，并有间歇泉涌出水面。科学家们对这个湖的周围进行了考察，发现在它附近不存在类似于火山活动等的地质现象。为此科学家们对于出现在这一酷寒地带的"不冻湖"也感到莫名其妙。

为揭开此谜，苏联考察队利用电波器在他们基地附近厚达 3000 米的冰层下，又发现了九个"不冻湖"，这一新的发现使得他们对"不冻湖"的形成原因进行了分析、研究和推测，提出了各自不同的见解。有的科学家提出这是气压和温度在特殊条件下交织在一起的结果。

持这一见解的人指出：在这 3000 多米冰层下的压强可达 278 个大气压，在这样强大的压力下，大地所放出的热量比普通状态下所放出的热量多，而且冰在零下 2℃左右就会融化。另外，冰层还像个大"地毯"一样，防止了热量的散发，使得大地所放出的热量得已积存，这样在南极大陆的凹部就可以使大量的冰得以融化，变为"湖水"。

另有一些科学家则认为：在南极的冰层下，极有可能存在着一个由外星人所建造的"秘密基地"，是他们在活动场所散发的热能将这里的冰融化了。

南极冰层下存在外星人的"秘密基地"吗

还有的科学家指出：这是个"温水湖"，很有可能在这水下有个大温泉把这里的水温提高了，冰雪被融化了。可有些人反驳说：如果这里有温泉水不断流入湖里，为什么湖上的冰冠没有一点融化的迹象呢？

为了解释这一问题，人们在冰层上架起了钻机，取出冰下的样品，发现湖底的水完全是凉的，这就说明在湖下并不存在温泉，湖水不是由于温泉而热起来的。

还有一些科学家推测为：湖水是由太阳晒热的，他们是这样解释的，这个四周被冰山包围的湖实际上是一潭死水，它很容易聚热。这里的冰层起到了一个透镜的作用，这种透镜可以使太阳光线聚焦，成了湖上的一个热源，当阳光照在四面冰山上的时候就有少量的热被折射到这个聚焦镜上，天长日久，就形成了这一冰川上的"不冻湖"。但同时也有人提出为什么太阳不会把湖上的冰融化呢？如果湖上的冰起到透镜的作用，那么，为什么在其他的地方没有这种现象呢？

围绕"不冻湖"的问题，各种猜测纷纷提出来，然而到现在为止还没有一个科学家能拿出令人满意、使人信服的结论。

知识点

南极

南极被人们称为第七大陆，是地球上最后一个被发现、唯一没有土著人居住的大陆。南极大陆的总面积为 1390 万平方千米，相当于中国和印巴次大陆面积的总和，居世界各洲第五位。整个南极大陆被一个巨大的冰盖所覆盖，平均海拔为 2350 米。气候严寒的南极洲，植物难于生长，偶能见到一些苔藓、地衣等植物。海岸和岛屿附近有鸟类和海兽。鸟类以企鹅为多。夏天，企鹅常聚集在沿海一带，构成有代表性的南极景象。海兽主要有海豹、海狮和海豚等。大陆周围的海洋，鲸鱼成群。南极附近的海洋中还有极多营养丰富的小磷虾。

延伸阅读

南极上空的臭氧洞

1985 年，英国科学家发现了南极臭氧层的一个"洞"。为了弄清臭氧空洞形成的原因，科学家们进行了锲而不舍地探索，终于有了眉目。人类所排放的氟氯烃主要在北半球，这种不溶于水和不活泼的气体，在开始的 1～2 年内在整个大气层下部并与大气混合。这种含有氟氯烃的大气从底部向上升腾，一直到达赤道附近的平流层。然后分别流向两极，这样经过整个平流层的空气几乎都含有相同浓度的氟氯烃，然而由于地球表面的巨大差异，两极地区的气象状况是完全不同的。南极是一个非常广阔的陆地板块，周围又完全被海洋所包围，在这种自然条件下产生了非常低的平流层温度。在南极黑暗酷冷的冬季（6～9月），下沉的空气在南极洲的山地受阻，停止环流而就地旋转，吸入周围的冷空气，形成"极地风暴旋涡"，这股"旋涡"上升到20千米高空的臭氧层，由于这里温度非常低，形成了滞留的"冰云"。"冰云"中的冰晶微粒把空气中带来的氟氯烃和溴氟烷烃等化学物质吸收在其表面，并不断积聚其中。当南极的春季来临（9月下旬），阳光照向"冰云"时，冰晶溶化，释放出吸附的氟氯烃和溴氟烷烃。它们受到紫外线 UV-C 照射，分解出 Cl^- 和 Br^- 并与臭氧反应生成 ClO^- 和 BrO^- 消耗臭氧。由于冰晶的吸附作用，积累的氟氯烃和溴氟烷烃在一段时间发生各种各样的化学变化，促成了每年9～11月臭氧快速耗减，在特定高度臭氧几乎完全消失，导致臭氧空洞形成。随着夏季的到来，南极臭氧层得到逐渐恢复，然而臭氧减少的空气可以传输到南半球的中纬度，造成全球规模的臭氧减少。所以南极臭氧空洞现象每年冬天和春天都会出现。

峨眉山三霄洞怪案

雄秀天下的峨眉山，素有仙山之称。在万仞绝壁的舍身崖间，布满了仙窟神洞，九老洞、女娲洞、伏羲洞、鬼谷洞……总计72洞。其中三霄洞也是一个较有名的仙洞。相传《封神榜》里的财神爷赵公朋曾修炼于峨眉山九老

三霄洞

洞，他的三个师妹云霄、琼霄和碧霄则于离九老洞不远的洞府修炼成仙，于是这洞便被人们称为三霄洞。

三霄洞可谓占据了仙山灵气；由仙峰寺沿一段峭崖云间步行，穿越茂密林木，登危崖险道，来到三霄洞前。只见洞口位于一处峭壁上，高出壁前的流石滩约八米，流石滩下即深不见底的

幽谷。四周林木葱郁，山花欲染，一侧有瀑布挂于悬崖之上，直落深谷，真有几分花果山水帘洞的景象。

然而，人们绝料不到，三霄洞在近代竟发生过一起骇人听闻的惨案，其神秘怪诞至今仍无人能解释。

1925年，峨眉山的演空和尚见三霄洞四周风景秀美，位置绝佳，洞内宽敞明亮，洞外有悬瀑清泉，可煮茗论经，因此发大宏愿，将这里辟为道场，开路修庙，开始了洞中佛事。演空和尚本是峨眉山高僧，并且三霄洞又是名胜之地，庙宇建成之后，香客居士络绎不绝，虽然偏僻，但其香火倒也旺盛。

1927年夏天，演空的同乡、自流井的香客、居士七十余人应邀来贺，在三霄洞内由演空和尚作法事。三霄洞内遍点香烛，鼓钹齐响，众人绕洞而行，口念经书。之后又虔诚地跪坐于蒲团之上，聆听演空说法。特地前来朝拜的香客，还带来了川剧锣鼓，法事完后，众人又在洞内摆开锣鼓，唱戏喧闹。此时已月明星稀，锣鼓之声远播，山腰间庙宇都可听见。

突然一声巨响，其声如闷雷，鼓锣声戛然而止，从三霄洞内涌出一股浓烟。次日仙峰寺僧人往观，见洞内尸骸遍地，演空和尚与70余名香客皆惨死于洞中。此事成了轰动全川的特大新闻。事后，有人说是三霄娘娘显灵，有人说是瓦斯爆炸，也有人说是瘴气为患，各说不一。惨案之后，三霄洞被蒙上一层可怕的阴影，无人再去。

三霄洞位于雷洞坪下的半崖中。宋代诗人范成大在《峨眉山行记》中写道："雷洞者，路在深崖万仞，磴道缺处，则下瞰沉黑若洞然。相传下有渊水，神龙所居，凡七十二洞，岁寒则祷于第三洞……振触之，往往雷风暴然。"这是说雷洞坪下有渊水，龙雷之神会聚其下，来往人不得在此喧哗；否则，触怒雷神，招致雷雨大作，震撼山谷，以显其威。因此也有人猜测，三霄洞中鼓乐大作，触怒雷神，所以全部遭雷击而亡。

20世纪90年代初，四川省自然资源研究所组织人员考察了三霄洞，据考察散记云：通往洞内的石砌小道早已崩塌，我们只好沿着几乎是90度的陡壁，攀登入洞。洞口呈扁圆形，高约4米，宽8米，洞口左侧残存灶基，中部有一座方形石砌神台。入洞7米突然变狭，在此有一个石块垒砌的长方台，很可能就是当年唱戏的地方。台后下方的岔洞内，尚存两具头颅骨和一些散乱的尸骨。另一角落残留男人与小脚女人的草鞋，也有零散尸骨。考察所及洞道总长213.8米，另有一岔洞被大量泥石堵塞。从洞内岩层性质分析，此处并无成煤构造，当无沼气或瓦斯形成，《峨眉伽蓝记》载自贡居士入洞，金鼓齐鸣，振动沼气中毒之说不确。此洞口小内大，形如瓮坛，当年洞内一时的弥漫烟雾，鼓乐声震，有可能导致爆发性窒息，酿成惨案。

考察报告对三霄洞的测量结果为：洞口位于峭壁上，呈扁圆形，高4米，宽6米，左侧残存灶基。洞内一厅，地面平坦，高3米，面积约130平方米，内有方形石龛、长方石台各一；7米深处变狭，有数条岔道。洞道总长213.8米。离洞口150米处，另有一室，高5米，宽8米。洞内恒温12℃，干燥、无滴水。

由此看来，洞口高4米，宽6米，有24平方米之大，不能说是狭小。况且当晚虽有数10名僧众在洞内，遍点香烛，但要形成足以窒息所有僧众的烟雾，难以成立。因洞口宽广，烟气自会散发出去。据《峨眉伽蓝记》载，连洞口守门的僧人也面向洞内倒毙。如是烟雾窒息，出于求生本能，也应爬向洞外，面朝洞外。并且，这种烟雾窒息说法，无法解释那一声闷雷巨响。

既不是瓦斯爆炸，又非烟雾窒息，那么是什么神秘的东西，导致这几十条生命瞬息便结束了呢？

我们以为，雷洞坪自古以来便存在的神秘现象与此有关。雷洞坪现在仍矗立着一块禁声碑，提醒游人不得大声喧哗，否则立刻雷声隆隆，闪电阵阵。这一神秘现象现在仍然如此。雷洞坪下面的断崖，前人多以"深崖万仞"、"下瞰沉黑若洞"来形容，其实，这是一道弧形的大断层。这弧形大断层上呈现出一道道横向平行的层纹，或稀或密，犹如树干横断面的年轮一样。由于岩层之间所形成的电位差，这道弧形大断层就如同一块夹层的大电池，随时可能引起放电，形成雷电。有时在万籁俱寂时，则形成圆盘状的光盘，在舍身崖上看下去，便是人们所称的圣灯。峡谷间如已具备气候条件，一喧哗就触动断层引发放电，形成雷电。三霄洞的金鼓震鸣，其位置又处于断层的中间。特别的敏感地带，引发剧烈的放电而形成球状闪电还是可能的。

不幸的是这一球状闪电钻进了三霄洞内并立刻爆炸了，所产生的硫黄味的烟雾笼罩了整个山洞，被击昏的人们很快便因窒息而死。这就是山腰庙宇中僧人听见的那一声闷雷巨响和从洞内窜出的黑烟的产生原因。由于当年的人们只见到爆炸造成的死亡现象，因而判断为瓦斯爆炸。

由此推测，三霄洞的神秘怪案可能与雷洞坪的神秘现象有关。但这仅仅是推测。如果有一天科学家能够解释雷洞坪的神秘现象，三霄洞怪案的真相也就大白于天下了。

→ 知识点

峨眉山

峨眉山位于中国四川省峨眉山市境内，是举世闻名的普贤菩萨道场。有山峰相对如娥眉，故名。包括大峨眉、二峨眉、三峨眉、四峨眉。景区面积 154 平方千米，最高峰万佛顶海拔 3099 米。山势雄伟，隘谷深幽，飞瀑如帘，云海翻涌，林木葱茏，有"峨眉天下秀"之称。气候多样，植被丰富，共有 3000 多种植物，其中包括世界上稀有的树种。山路沿途有较多猴群，常结队向游人讨食，为峨眉一大特色。它是中国四大佛教名山之一，有寺庙约 26 座，重要的有八大寺庙，佛事频繁。1996 年 12 月 6 日，峨眉山—乐山大佛作为文化与自然双重遗产被联合国教科文组织列入世界遗产名录。

延伸阅读

峨眉佛教

相传佛教于公元 1 世纪传入峨眉山，汉末佛家便在此建立寺庙。他们把峨眉山作为普贤菩萨的道场，主要崇奉普贤大士，相信峨眉是普贤菩萨显灵和讲经说法之所。据佛经载，普贤与文殊同为释迦牟尼佛的两大胁侍，文殊表"智"，普贤表"德"。普贤菩萨广修十种行愿，又称"十大愿王"，因此赢得"大行普贤"的尊号。普贤菩萨的形象总是身骑六牙白象，作为愿行广大、功德圆满的象征。普贤菩萨名声远播，广有信众，菩萨因山而兴盛，山因菩萨而扬名。近两千年的佛教发展历程，给峨眉山留下了丰富的佛教文化遗产，成就了许多高僧大德，使峨眉山逐步成为中国乃至世界影响深远的佛教圣地。峨眉山佛教属于大乘佛教，僧徒多是临济宗、曹洞宗门人。峨眉山佛教音乐丰富多彩，独树一帜。

奇观异象之谜

　　我们生活的世界上，常常出现一些令我们惊叹不已而又不可思议的奇观异象：麦田我们都不陌生，然而自麦田怪圈于 1647 年在英格兰被发现以来，已有成千上万个这样的怪圈出现在世界各地的农田里，使无数人迷惑不解；在法国比利牛斯山脉有一眼清泉，以其神奇的治病功能吸引了世界各地的人，从而成了闻名全球的神秘"圣泉"；在美国加州的沙漠地带，有一块神奇的岩石，在寂静的月夜，在滚滚的浓烟笼罩的时候会发出优美的乐声；与长江三峡毗邻的重庆奉节县有一个神秘莫测、堪称世界之最的特大型天坑，对于它是如何形成的，众说纷纭；物体为什么会在肉眼看不到任何外加力作用的情况下自行移动或腾空呢？鸣沙现象出现于世界各地，然而，沙究竟为什么会鸣呢？

匪夷所思的麦田怪圈

　　最早的麦田怪圈是 1647 年在英格兰被发现的，当时人们也不知道这是怎么一回事，并在怪圈中做了一幅雕刻图案。这幅雕刻图案是当时人们对麦田怪圈成因的推测，当时的麦田圈是呈逆时针方向的。

　　麦田怪圈常常在春天和夏天出现，遍及全世界，美国、澳大利亚、欧洲、南美、亚洲，无处不在。事实上，世界上只有中国和南非两个国家没有麦田圈。截至目前，全世界每年大约要出现 250 个麦田怪圈，图案也各有不同。

发现最早的麦田怪圈插图见于 1678 年的古书。《割麦的魔鬼》画中一个恶魔手持镰刀在麦田里做圆形的图，此图作为 17 世纪就存在怪圈的证据。不过插图显示魔鬼并没有让麦子弯折，而是割掉，所以跟麦圈又有点不同。

"水母"图案麦田怪圈

自从 20 世纪 80 年代初期以来，已经有 2000 多个这种圆圈出现在世界各地的农田里，使科学家和大批自命为农田怪圈专家的人大惑不解。开始时这些圆圈几乎只在英国威德郡和汉普郡出现，但近年来，在英国许多地区以及加拿大、日本等十多个国家，也有人发现这种圆圈。这种圆圈越来越大，也越来越复杂，渐渐演变成为几何图形，被英国某些天体物理学家称之为"外星人给地球人送来的象形字"，例如：1990 年 5 月，英国汉普郡艾斯顿镇的一块麦田上出现了一个直径 20 米的圆圈，圈中的小麦形成顺时针方向的螺旋图案。在它的周围另有 4 个直径 6 米的"卫星"圆圈，但圈中的螺旋形是逆时针方向的。

1991 年 7 月 17 日，英国一名直升飞机驾驶员飞越史温顿市附近的巴布里城堡下的麦田时，赫然发现麦田上有个等边三角形，三角形内有个双边大圈，另外每一个角上又各有一个小圈。1991 年 7 月 30 日，威德郡洛克列治镇附近一片农田出现了一个怪异的鱼形图案，在接着的一个月内，另有 7 个类似的图案在该区出现。

可是，最令世人感到震惊的，莫过于 1990 年 7 月 12 日在英国威德郡的一个名叫阿尔顿巴尼斯小村庄发现的农田怪圈了。有一万多人参观了这个农田怪圈，其中包括多名科学家。这个巨大图形长 120 米，由圆圈和爪状附属图形组成，几名天体物理学家参观后发表了自己的感想，他们认为：这个怪圈绝对不是人为的，很可能是来自天外的信息。

见过 UFO 照片的科学家认为，小麦倒地的螺旋图案很像是由 UFO 滚过而形成的。1991 年 6 月 4 日，以迈克·卡利和大卫·摩根斯敦为首的 6 名科学家守候在英国威德郡迪韦塞斯镇附近的摩根山的山顶上的指挥站里，注视着一排电视屏幕，满怀期望地希望能记录到一个从未有人记录到的过程：农田怪圈的形成经过。

他们这个探测队装备了总值达 10 万英镑的高科技夜间观察仪器、录像机以及定向传声器。他们那台装在 21 米长支臂上的"天杆式"电视摄影机，使他们可以有广阔的视野。他们等待了 20 多天，在屏幕上什么不寻常的东西都没有看到，到了 6 月 29 日清晨，一团浓雾降落在研究人员正在监视的那片麦田的正上方。他们虽然看不见雾里有什么，但却继续让摄影机开动。到了早上 6 点钟，雾开始消散，麦田上赫然出现了两个奇异的圆圈。6 位研究人员大为惊愕，立即跑下山来仔细观察，发现在两个圆圈里面的小麦完全被压平了，并且成为完全顺时针方向的旋涡形状。麦秆虽然弯了，但没有折断，圆圈外的小麦则丝毫未受影响。

为了防止有人来弄虚作假，探测队已在麦田的边缘藏了几具超敏感的动作探测器。任何东西一经过它们的红外线，都会触动警报器，但是警报器整夜都没有响过。在麦田泥泞的地上，没有任何能显示曾有人进入麦田的迹象。录像带和录音带没有录到任何线索，那两个圆圈似乎来历不明。

帕特·德尔加多是一位气象学家和地质学家，他从 1981 年起就开始研究农田怪圈。他相信这些圆圈是"某些目前科学所未能解释的地球能量"所制造的。就像是百慕大三角所屡屡发生的奇事一样。他曾记录了许多在圆圈里发生的"不可思议事件"。他发现一些本来运作正常的照相机、收音机和其他电子设备在进了圆圈之后就突然失灵。他又曾经在几个圆圈里录到一种奇特的嗡嗡声，他把它形容为"电子麻雀声"。

1989 年夏季某天，德尔加多和 6 位朋友坐在英国温彻斯特市附近的一个镇的一个农田怪圈的中央。"蓦地，我完全身不由已，被某种神秘的力量推着滑行了 6 米，出了圈外。"他认为这种力量很可能与地球的磁极有关。

自从 20 世纪 80 年代以来，英国《气象学杂志》编辑、退休物理学教授泰伦斯·米登已审察过 1000 多个农田怪圈，并就 200 多个怪圈编制了统计数字，希望能找到符合科学的解释，现在，他认为也许已找到了答案。他相信，真正的农田怪圈是由一团旋转和带电的空气造成的。这团空气称为"等离子体涡旋"，是由一种轻微的大气扰动——例如吹过小山的风——形成的。"风急速地冲进小山另一边的静止空气，产生了螺旋状移动的气柱。"他解释说，

"接着，空气和电被吸进这个旋转气流，形成一股小型旋风。当这个涡旋触及地面时，它会把农作物压平，使农田上出现螺旋状图案。"

为了支持自己的论点，米登已搜集了许多有关涡旋制造农田怪圈的目击者的报告。例如：1990年5月17日，农场主加利·汤林生和妻子薇雯丽在英国萨里郡汉布顿镇一块麦田上沿着小径漫步。蓦地，一团雾从一座大约100米高的小山飘来，几秒钟后，他们感到有股强烈的旋风从侧面和上面推他们。它像泰山压顶般紧压着他们，使两人的头发竖了起来。后来，旋风似乎分成了两股，而雾则之字形地飘走了，留下了他们两人站在一个3米宽的麦田圆圈里面。

可是，米登论点也许只能解释那些简单的农田怪圈，对那些复杂的又怎样解释呢？旋风是绝对不会吹出钥匙形的和心字形的。1991年8月13日英国剑桥郡一块偏僻的麦田出现了一个巨大的心形图案。

还有一种论点认为农田怪圈是心灵的产物，1991年8月的某天，一位工程师和他的有着第六感觉的妻子从牛津城出发沿着A34公路驱车回家时，他的妻子说："我真希望我们能亲自发现一个农田怪圈。"话刚离口，他们便在路旁附近田间发现了一个哑铃状的农田圆圈。可是，至今还没有找到第二个例子。

相当一部分人认为，所谓麦田怪圈只是某些人的恶作剧。英国科学家安德鲁经过长达17年的调查研究认为，麦田怪圈有80%属于人为制造。经过调查，发现大部分是某些人的恶作剧，但是热衷于此的人还是对此怀有很大的好奇心。然而，有一些特别复杂的、比较大的图案被认为是人力所为，未免让人难以置信。

据《每日快报》报道，遍布英国各地的神秘"麦田怪圈"神秘莫测，其成因至今仍是未解之谜，甚至有人认为它是外星人的杰作。但一批最新解密的军情五处（MI5）二战文件得出惊人观点："麦田怪圈"最早是纳粹的秘密特工发明创造的，其用意是为纳粹空军的轰炸机空投炸弹或者伞兵部队降落提供记号。该文件称，二战期间，英国南部麦田和玉米地里，开始出现大量来历不明的"地面标志"。

一份名为《地面标记调查案例》的文件显示，1940年5月，飞行员发现康沃尔郡北纽奎地面曾出现奇怪标记，并拍下照片。对照片研究后发现，那些标记是由农业用石灰按规律堆放而成的。1941年5月，蒙矛舍郡地区的

"日月"图案麦田怪圈

玉米田中，出现一个不寻常的标记，大约30米长，好像是一个大写字母"G"。1943年10月，肯特郡附近，飞行员看到地面出现一个巨大的白圈。据报道，这些来历不明的"地面标志"，让当时正处于战争中的英国情报部门如临大敌。公布的文件称，1941年当大卫·佩特里被任命为MI5主管之后，他奉命对此进行调查。据称，为了查明真相，MI5不仅暗访了多名英国各地农夫和空军官员，而且与各盟国密切合作调查。

令MI5震惊的是，几乎与此同时，在欧洲各地也陆续出现了类似神秘标志。文件写道："波兰、荷兰、法国和比利时都不断有报告称，当地发现了奇怪标记——如涂刷特别颜色的屋顶，白色烟囱，或者是将亚麻布拼出特别的图案等。"最令MI5调查者震惊的是波兰盟军提供的情况，据称，波兰曾出现过一大片"直径大约20米"的被割倒的玉米田。解密文件显示，缜密调查之后，MI5终于得出结论：这些出现在英国和欧洲各地的所谓的"麦田怪圈"，是纳粹秘密特工的"杰作"。

它们很可能是纳粹德军互相联系的方式，用来为轰炸机和伞兵部队导航。文件称："'麦田怪圈'中很可能隐藏着某种加密的特殊信息，而且很容易从空中观察到，而这正是纳粹将之作为联络工具的重要原因。"

不过，这一点解释不了二战之前或之后为什么会出现麦田怪圈。

有关这种现象的书籍，已出版了数十种，此外热衷于麦田怪圈的人还可以买到介绍这些图形的录像带、彩色照片、明信片和钥匙扣等。可是从科学角度上讲，麦田怪圈现象至今尚未得到圆满的解释，与 UFO 一样，这或许是科学家们面临的不得不攻克的一道难题吧！

知识点

英格兰

英格兰，一译"英吉利"。大不列颠及北爱尔兰联合王国（英国）领土的主要部分，因此习惯上英格兰一词也泛指英国。英格兰位于大不列颠岛的东南方，苏格兰以南，威尔士以东，还包括怀特岛、锡利群岛和沿岸各小岛，面积约 13 万平方千米。是英国面积最大、人口最多、经济最发达的一个部分。在历史上，英格兰与苏格兰之间是以哈德良长城为界。英格兰这个名字源自"盎格鲁人"（Angles），其原名"England"意为"盎格鲁人之地"，他们继凯尔特人之后来到这个地方，属日耳曼民族。

延伸阅读

英国与英格兰的关系

英国全称是大不列颠及北爱尔兰联合王国，是由英格兰、苏格兰、威尔士和北爱尔兰组成的联合王国，一统于一个中央政府和国家元首。主体还是英格兰，所以习惯上称英国（本来英国专指英格兰 England）。英伦三岛是指英格兰、苏格兰和威尔士，由于北爱尔兰位于爱尔兰岛，直布罗陀等众多岛屿面积过小，所以不包括在内。英国位于欧洲大陆西北面，英国本土位于大不列颠群岛，被北海、英吉利海峡、凯尔特海、爱尔兰海和大西洋包围。英国是世界上第一个工业化国家，是一个具有多元文化和开放思想的社会。它在 19 世纪和 20 世纪早期是世界上最强大的国家，但是经过两次世界大战和 20 世纪下半叶大英帝国的崩溃，已失去昔日荣光。不过，英国仍是一个在世界范围内拥有巨大影响力的举足轻重的强国。

英国社会安定、生活稳定，犯罪率低并极少有暴力行为发生。英国的气候温和，无严寒酷暑，四季如春。英国的艺术、音乐、文化和饮食一直受到来自世界各地不同国家的人民和民族习惯的影响，并与许多国家有着悠久而密切的联系。

海洋磁光之谜

在印度洋上往返的船只，尤其是往返于通往盛产石油的波斯湾四周海域的船只，常常会遇到令人眼花缭乱的发磷光的海面。

海员们看到的海面上的磷光，其颜色可谓光怪陆离，其形状可谓千奇百怪。

印度洋一角

有的磷光带长而平行。1908年，当一艘轮船从莫比尔驶向坦帕时，大约在傍晚7点左右，轮船碰上从水面上飘来的一条光亮带，颜色一会儿蓝，一会儿绿，非常好看，把整个船都照得通明，仿佛船被蒙上了一层彩球的弧光。紧接着半英里宽的漆黑海水，船身像罩上了一层黑幕，然后又出现了第二条色彩同样鲜艳的水上亮带。这条亮带同第一条宽度差不多。当船只驶出发光海区时，漆黑的海水和夜色成为漆黑一片。1926年5月30日，"可兰娜"号轮船驶经大约北纬26°40′，东经56°33′处，即柯因岛与拉拉克岛之间偏北方向时，也看到了一条奇特的、闪闪发磷光水带。初看时，它仿佛是一条由东到西穿过地平线向前伸展的水带。当船接近这一海域时，看到磷光带闪着奇特的光。穿过它时，发现它是一条约千米宽的、从东向西方向一直延伸到地平线的光线带。走近时看到的光，就像无数支光束从海底照射上来。每一束光都照亮了约4~5平方米的海面，它们不断地一闪一灭，彼此互不干扰，闪灭规律大约1~1.5秒循环一次。

报道最多的，则是轮状磷光。1953年4月5日，"不列颠女皇"号轮船从澳哈港驶往波斯湾时，看到一条条苍白色闪光在海面上高速运行，有几米宽，一直延伸到目所不及的远方。光束似乎完全平行，间隔相等，每秒钟就有一道光从船下穿过。5分钟之后，变作浑圆形式旋转，从各个方向接近船只。大约一刻钟之后，光突然形成一旋转放射运动，运动中保持其相等的几何图形与一秒一次的转动频率。光不断以每秒20~30次地从平行线形状变为车轮状。每变化一次，光轮就似乎换了个地方，有时会同时出现两个轮廓清晰的光轮。整个旋转过程中，光轮似乎一直在变换方向，有时作顺时针方向旋转，有时作逆时针旋转。这次磷光大约持续了25分钟。1959年9月27日，一艘从斐济的劳托卡到印尼民丹岛的轮船，也看到了两个光轮旋转的闪电。

有的磷光不是在海面，而是在空中。1955年5月13日，一艘名叫"克利培根"号的轮船在从蒙巴萨到格拉斯哥的航行途中，看到了一种大约1.5秒波动一次的光浪，在船的附近海域出现，闪闪发光，并且悬于海面上约4米高。

有的磷光，则呈放射状光环。1956年4月17日，"桑·里奥浦都"号从利特尔顿驶往艾迈迪港，途经北纬26°23′，东经54°38′，看到了一条发出微光的大光带，光浪在海面上杂乱地四处穿梭移动，这些光带是从均匀地散布在约3千米范围内的海面上的几个中心点发射出来的，就像在水坑中雨滴形成的圆形水波纹，每条光带约70米宽，射出微弱的白光，闪光间隔时间大约一秒多钟一次。运动速度极快。除此之外，还有的磷光呈"Z"字形，还有的磷光使海水呈乳白色，等等。

对于出现的种种磷光现象，科学家们做出了种种不同的解释。有人认为，是生物发光体在海面上留下自己的痕迹，或是由于海底地震波能产生声浪的结果。可这些解释无法说明地震波能产生重叠、相互对应的旋转球这种现象，更不能解释为什么水的上空也会出现这种发光物体。种种现象表明，这种奇景也许并不和生物发光有关，尽管生物发光的解释看来是最合适的。

另外一个可能的答案是生物发光的电磁作用，也许是和地球向空间放电有关的某种东西。在很低的极光景象和海洋磷光活动中，有时可观察到一种发亮的薄雾，这也可以说明这种可能性。有时也不能不完全考虑水生有机物的聚集特点。

要真正了解几何图形磷光景象，我们必须回答下列问题：为什么会集中在印度洋？其他生物发光现象十分频繁的海域为什么并不出现这种现象？它们与太阳的活动有关吗？它们是地震激发的结果吗？船只雷达与水下爆破的效果又怎样？这些光轮同更为平常的"白色"或"乳白色"的海有关吗？

➡️ 知识点

波斯湾

波斯湾亦称阿拉伯湾，位于阿拉伯半岛和伊朗高原之间。西北起阿拉伯河河口，东南至霍尔木兹海峡，长约 990 千米，宽 56 ~ 338 千米。面积 24 万平方千米。水深：伊朗一侧大部深于 80 米，阿拉伯半岛一侧一般浅于 35 米，湾口处最深达 110 米。沿岸国家有：伊朗、伊拉克、科威特、沙特阿拉伯、巴林、卡塔尔、阿拉伯联合酋长国和阿曼。海湾地区为世界最大石油产地和供应地，已探明石油储量占全世界总储量的一半以上，年产量占全世界总产量的三分之一。所产石油，经霍尔木兹海峡运往世界各地。素有"石油宝库"、"世界油阀"之称。

🌸 延伸阅读

奇特的"黑烟囱"

"黑烟囱"是耸立在海底的硫化堆积物，呈上细下粗的圆筒状，因形似烟囱状，所以被科学家形象地称为"黑烟囱"。它们的直径从数厘米到两米，高度从数厘米到 50 米不等。规模较大的堆积物可以达到体育馆体积大小的百万吨以上。

这种"热液硫化物"主要出现在 2000 米水深的大洋中脊和断裂活动带上，是一种含有铜、锌、铅、金、银等多种元素的重要矿产资源。对于它的生成，海洋科学家们经过实地考察后认为："热液硫化物"是海水侵入海底裂缝，受地壳深处热源加热，溶解地壳内的多种金属化合物，再从洋底喷出的烟雾状的喷发物冷凝而成的，被形象地称为"黑烟囱"。这些亿万年前生长在海底的"黑烟囱"不仅能喷"金"吐"银"、形成海底矿藏、具有良好的开发远景，而且很可能和生命起源有关，并具有巨大的生物医药价值。

比利牛斯山圣泉之谜

法国比利牛斯山脉中有个叫劳狄斯的小镇，镇上有个岩洞，洞内有一眼清泉长年累月不停地流淌，泉水以其神奇的治病功能吸引了世界各地成千上万的人，这就是闻名全球的神秘"圣泉"。"包治百病"的"圣泉"的秘密到底是什么呢？许多科学家试图解开这个谜，结果都未能如愿。

比利牛斯山脉地区

　　传说 1858 年，一位名叫玛莉·伯纳·索毕拉斯的女孩在岩洞内玩耍，忽然，圣母玛利亚在她面前显圣，告诉她洞后有一眼清泉，指引她前往洗手洗脸，并且告诉她这泉水能治百病，说罢倏然不见。100 多年过去了，神奇的泉水常年不息。各地前来向圣泉求医的人也络绎不绝。它的吸引力远远超过了穆斯林圣地麦加、天主教中心罗马和伊斯兰教、犹太教及基督教的发祥地耶路撒冷。据统计，每年约有 430 万人去劳狄斯求医，其中不少人是身患重病者，甚至是病入膏肓已被现代医学宣判"死刑"的病人。他们不远千里万里来这儿，仅在圣泉水池内浸泡一下，病情便能减轻，甚至可以无药而愈！

　　有个意大利青年，名叫维托利奥·密查利，他身患一种罕见的癌症，癌细胞已经破坏了他左髋骨部位的骨头和肌肉。经 X 光透视发现，他的左腿仅由一些软组织同骨盆相连，看不到一点骨头成分，辗转几家医院后，他的左侧从腰部至脚趾被打上石膏，但却被宣告无药可医，而且预言至多能再活一年。

　　1963 年 5 月 26 日，他在母亲的陪伴下，经过 16 小时的艰难跋涉到达劳狄斯。第二天便去沐浴。密查利在几名护理员的照顾下，脱去衣服，光着身子浸入冰冷的泉水中，打着石膏的部位只能用泉水进行冲淋。奇迹出现了：打这以后，密查利开始有了饥饿感，而且胃口之好是数月以来所未有过的。从圣泉回家后数星期，他突然产生从病榻上起身行走的强烈欲望，而且果真拖着那条打着石膏的左腿从屋子的一头走到了另一头。此后几个星期内，他继续在屋子里来回走动，体重也增加了。到了年底，疼痛感竟全部消失。

　　1964 年 2 月 18 日，医生们为他除去左腿上的石膏，并再次进行 X 光透视，片子显示那完全损坏的骨盆组织竟然出人意料地再生了。4 月，他已能行动自如，参加半日制工作，不久便在一家羊毛加工厂就业。这一病例，现代医学竟无法解释。

　　像这样的病例并非个别。据报道，在 124 年中，为医学界所承认的这样的医疗奇迹就达 64 例，这 64 例均经过设在劳狄斯的国际医学委员会严格审定。那么，圣泉"起死回生"的奥秘究竟何在呢？随着现代医学的不断发展，我们相信，人们一定能剥去圣泉的扑朔迷离的宗教外衣，揭示它的本质，从而解开这个谜团。

　　同样是在比利牛斯山区，有座名叫阿尔勒的小镇。在这个小镇的一个教堂里，有一口 1000 多年前精心雕制的石棺，长约 1.93 米，用白色的大理石雕成。令人不解的是，这口石棺中长年盛满清泉般的水，却没人能解释这些水是从哪里来的。

镇上的居民回忆说，这件怪事是从公元960年以后发生的。当时，有一位修士从罗马带来皈依基督教的波斯亲王圣阿东和圣塞南的圣物，并把圣物放入石棺中。此后，石棺内的"圣水"源源不绝，"圣水"为当地居民带来吉祥和幸福。人们视这"圣水"为神奇的水，因为它有神奇的医治疾病的疗效，人们珍藏它，不到万不得已时不拿出来使用。

据有关专家考察，这口石棺总容量还不到300升，而每年从这口石棺中流淌出来的水却有500～600升。即使在旱灾之年，石棺仍能为当地居民提供清澈的"圣水"。当地的居民说，第二次世界大战前的某一夏天，石棺还溢出水来。

1961年，石棺水源之谜吸引了两位来自格累诺市的水利专家，他们试图解开这个谜。最初，水利专家认为这是渗水或凝聚现象，于是想方设法垫高石棺，使它与地面隔开。为了揭谜，他们还用塑料布将石棺严严实实地包起来，以防外界雨水渗入石棺中。为了防止有人往石棺内灌水，在石棺旁设岗，日夜值班。所有的办法都未使石棺内的水源断绝。专家们用科学方法对石棺内的水进行鉴定，发现棺内的水即使不流动，水质也是纯净不变的，似乎石棺内的水能够自动更换一样。

以后的许多科学家试图解开比利牛斯山"圣泉"与石棺中的"圣水"之谜，结果都未能如愿。

知识点

比利牛斯山脉

比利牛斯山脉是欧洲西南部最大的山脉，法国和西班牙两国界山，安道尔公国位于其间。西起大西洋比斯开湾畔，东止地中海岸，长约435千米。一般宽80～140千米，东端宽仅10千米，中部最宽达160千米。海拔大多2000米以上。按其自然特征，可分为3段：西比利牛斯山，从大西洋岸至松波特山口，大部分由石灰岩构成，平均海拔不到1800米，降水丰沛，河流侵蚀切割，形成山口，成为法国和西班牙之间的通道；中比利牛斯山，从松波特山口往东至加龙河上游河谷，群峰竞立，山势最高，海拔3000米以上山峰有5座，主要由结晶岩组成，最高点阿内托峰海拔3404米；东比利牛斯山，从加龙河上游至地中海岸，也称地中海比利牛斯山，由结晶岩组成的块状山地，有海拔较高的山间盆地。离地中海岸约48千米处有海拔仅300米的山口，为南北交通要道。

延伸阅读

清水岩寺"圣泉"

福建泉州安溪蓬莱清水岩寺院门前的蹊径旁有口山泉，泉从峭壁石缝涌出，冰凉清澈，旱涝如故，终年不竭。立碑"圣泉"。清水岩寺建于宋代，闻名于闽南厦漳泉等地，更盛名于台湾及东南亚华人社会。自古至今，远近香客都备有瓶壶，装一瓶清泉回家，全家饮用，据说可以消灾除病，保佑平安。海外香客也循习携此泉水，乘船搭机，飘洋过海到侨居地，让其家人共享。

相传当年开山祖师陈普足高僧，精通医药，并以其山泉配药冶炼成丹，常为世人施药治病，迩遐闻名。每当瘟疫流行年景，多有远道而来者，举步拾级上山，汗流浃背，忽见庙前清泉，无不俯首捧水解渴。其中也有些求医者因高僧外出云游，未得施治，返回之后，病体竟然康复。因此，到寺庙朝拜者汲水回家遂成习俗，千百年来仍盛行不衰。

根据现代科学调查化验得知，清水岩山泉，含有微量元素"硒"。近期医药研究证实，硒素对人体确有治病功效，尤其对肝病，硒素是神奇的"克星"，防治兼佳。

石头杀人悬案

在非洲马里境内，有一座耶名山，山上丛林莽莽，林中活跃着各种鸟兽，生机勃勃。然而，耶名山的东麓却是死一般的沉寂，鸟儿不从这里飞过，野兽也对这里禁足。这是一个神秘莫测的地方，当地的土著人一提起它就心惊胆战。

非洲马里风光

　　1967年春天，耶名山发生强烈地震。耶名山东麓在震后就显现出一种奇幻的景象，驻足远观，在那神秘的东边会出现淡淡的光晕，若在雷雨天，这光晕的颜色便会加深许多，绮丽多姿。这奇异的现象引起人们猜测，有人说那里藏着历代酋长的无数珍宝，从用黄金铸成的神像到用各种宝石雕琢的骷髅，应有尽有，神秘的光晕就是震后从地缝中透出来的珠光宝气。传说越来越多，神乎其神，于是那里便变成了探宝人的圣地。但许多野心勃勃的探险家在进入山间谷地之后就再也没有出来。1986年8月，一支地质勘察队进入耶名山东麓，对其进行实地考察。

　　8名考察队员一进入山麓心腹，便发现山野上卧着许多尸体。这些死人身躯扭曲，口眼歪斜，表情痛苦。从尸体上看，这些人已经死去很长时间，但奇怪的是，在这炎热的地方，尸体竟没有一具腐烂。这些人可能是寻找珍宝的探险者，可是他们为什么会莫名其妙地死去呢？巨大的疑惑与无形的恐惧在考察队员心中滋长。正在这时，一名队员在搜索中发现一条地缝间射出一道耀眼的光芒。难道真是传说中的珠宝吗？考察队员在队长的带领下，动手挖掘。一个小时过去了，一块重约5吨的椭圆形巨石呈现在大家眼前。这块巨石半透明状，上半部微蓝，下半部泛着金黄，整块石头散发着炫目的光晕，亦真亦幻，实属难得一见的奇石。探险队员们费了九牛二虎之力才把巨石挪到土坑边上。这时，队员们忽然发现自己四肢发麻，视线模糊，继而开始手脚抽搐，相继倒下。队长因为在一旁指挥，没有亲手摸到奇石，只是感觉一阵眩晕。他不由地想起那些死因不明的尸体，浑身不禁一颤。为了救同伴，队长强拖着开始麻木的身体，摇摇晃晃地向山下走去，准备叫人救援。刚走下山，他便支持不住晕倒在路边。过路的人发现后把他送进了医院。经医生检查发现，他受到了某种物质的辐射，由于程度较轻并无大碍。可是其他的队员就没那么幸运了，他们由于遭受了强烈的辐射，都未能保住性命。而那块使许多人丧命的"杀人石"，却从陡坡上滚下了无底深渊。

科学家们想解开巨石之谜，但因找不到实物而无法深入研究，"巨石杀人"最终成为了一个悬案。

石头杀人的神秘现象并不是第一次出现，在印度尼西亚也出现过类似事件。一名男子在采矿过程中发现一块闪烁着奇异色彩的石头，惊喜莫名，把石头悄悄收藏起来。谁知过了几天，这名男子的眼睛开始不断流泪，看东西出现幻影。到医院诊治才发现，原来眼睛受到强烈射线的辐射，刺激过大受到伤害。

有人推测，马里耶名山上的奇石和印度尼西亚的矿石都有一个致命的武器——放射线。它们美丽的外形和迷离的色彩使发现的人失去戒心，近距离地接近它，从而遭受到强烈辐射。但这些还只是一种猜测，石头杀人的真正原因有待进一步的研究证实。

知识点

马 里

马里共和国是西非的一个内陆国家，向北与阿尔及利亚、向东与尼日尔、向南与布基纳法索和科特迪瓦、向西南与几内亚、向西与毛里塔尼亚和塞内加尔接壤，是西非面积第二大的国家。它的北部边界在撒哈拉沙漠的中心，大多数人集中在南部，尼日尔河和塞内加尔河源于这里。马里过去也被称为法属苏丹，它的名字来源于马里帝国。国土面积1 240 192平方千米，80%的劳动力从事农业劳作。马里是一个落后的国度，经济贫困，生活质量低下，54%的马里人是文盲，约只有三分之二的人口有干净的水源，平均期望寿命只有45岁。

延伸阅读

东山风动石

位于福建省东南部的东山岛上有一块奇石——风动石，它被誉为"天下第一奇石"。风动石，危立于铜山古城东门海滨。石重约200多吨，外形像一只雄兔，斜立于一块卧地磐石上，两石吻合点仅有几厘米见方。当海风从台湾海峡吹来的时候，强劲的风流会使风动石微微晃动，让人觉得岌岌可危，可风停后，风动石也随之平稳如初了。

风动石在人力的作用下也能晃动，如果找来瓦片置于石下，选择适当的位置，一个人就能把这硕大的奇石轻轻摇动起来。此时，瓦片"咯咯"作响，顷刻间化为齑粉，奇石摇动的轨迹清晰可见。

1918年2月13日，东山岛发生7.5级地震，山石滚落，屋倒人亡，可风动石却安然无恙。"七七事变"后，日军企图搬走风动石，日舰"太和丸"用钢丝索系于风动石上，开足马力，可多条钢丝索被拉断了，风动石却纹丝未动，最后日军只得放弃这一企图。

风动石历经沧桑，依然斜立如故。这块奇石是怎样形成的呢？至今是个难解的谜。

奇妙的发声岩石

在美国加利福尼亚州的沙漠地带，有一块巨大的岩石，有好几间房子那么大。这个地方居住着许多印第安人。每当圆圆的月亮升起在天空的时候，印第安人就纷纷来到这块巨石周围，点起一堆堆篝火，然后就静静地坐在地上，冲着那块巨石顶礼膜拜……

一堆堆篝火熊熊地燃烧着，卷起一团团滚滚烟雾，不一会儿，就把巨石紧紧地笼罩住了。

这时候，那块巨石慢慢地发出了一阵阵迷人的乐声，忽而委婉动听，就好像一首优美抒情的小夜曲；忽而哀怨低沉，就好像一首低沉的悲歌。巨石周围的印第安人一边顶礼膜拜着，一边如醉如痴地欣赏着这美妙的乐声。

　　滚滚的浓烟带着这神奇的乐声，飘向了空旷的沙漠，飘向了深邃的夜空……

　　那么，当地的印第安人为什么要对这块巨石那样顶礼膜拜呢？这块岩石为什么会发出那样动听的乐声呢？这块巨石为什么只有在寂静的月夜，并且只有在滚滚的浓烟笼罩的时候才会发出这优美神奇的乐声呢？这块巨石里面到底隐藏着什么样的秘密呢？这一连串的问题，没有人知道，也没有人能够说得清楚。

　　在美国的佐治亚洲，也有这样一种会发出声音的岩石，人们管它叫"发声岩石"异常地带。这里堆满了大大小小的岩石，它们不仅能够发出声音，而且发出来的声音就好像一首首美妙的乐曲。

佐治亚洲风光

　　如果人们在这个"发声岩石"异常地带散步，就会发现，磁场在这里失常了，人们甚至连方向也辨认不清。更有意思的是，当人们用小锤轻轻敲打这里的岩石的时候，无论是大岩石，还是小岩石，或者那些小小的碎石片，都会发出一种特别悦耳动听的声音。这奇妙的声音不但音乐纯美，而且音响十分清脆，就好像是从高山流下来的"叮叮咚咚"的清泉一样，令人听起来如痴如醉、妙不可言。

　　如果不是亲眼所见、亲耳所听的话，人们根本不会想到这声音是靠敲打岩石发出来的。可是，更让人感到纳闷的是，这里的岩石只有在这个地方才能被敲击出如此悦耳动听的音乐。有人曾经做过一种试验，把这里的岩石搬到别的地方，不管怎么敲打也发不出那种美妙的声音。

那么，到底是什么原因使得这个地带产生这种奇异的现象呢？这里的岩石为什么在别的地方就发不出那种美妙的音乐呢？科学家们针对这些问题进行了一次又一次的研究和考察，对产生这种现象的原因也进行了种种推测和解释。有人说，这是个地磁异常带，存在着某种干扰源，岩石在辐射波的作用下，敲击的时候就会受到谐振，于是就发出了声音。可是，这只是一种推测。所以，科学家们一直都没有找到一个令人信服的答案。

在意大利西西里岛上，有一个叫做"狄阿尼西亚士的耳朵"的山洞。关于这个山洞流传着这样一个传奇故事：

古时候，有一个名字叫狄阿尼西亚士的国王。谁要反对他就把谁关在这个山洞里面。看守山洞的狱卒们趴在山洞的顶上，用耳朵就能够监视犯人们的一举一动。因为。犯人之间说什么话，都可以传到狱卒的耳朵里。就这样，狱卒们把偷听到的话告诉那个国王，国王处死了不少犯人。到了后来，犯人们才知道，原来这山洞里到处都有耳朵呀！

这个山洞从洞顶到洞底有40米深，为什么狱卒趴在洞顶就能听见洞里犯人们的说话呢？一直到现在，人们也弄不明白。

看起来，这个"狄阿尼西亚士的耳朵"的山洞和那个奇特的"发声岩石"地带之谜一样，只能是一个没有解开的谜团了。

知识点

印第安人

印第安人又称美洲原住民，是除因纽特人外的所有美洲土著居民的总称。此类人分布于南北美洲各国，现在学术界一般认为其属蒙古人种美洲支系。使用印第安语，包括十几个语族，至今没有公认的语言分类。考古学和人类学专家认为，印第安人的祖先来自中国北方，大约是在4万年前从亚洲渡过白令海峡到达美洲的，或者是通过冰封的海峡陆桥过去的。他们与亚洲同时代的人有某些相同的文化特色，例如用火、驯犬及某些特殊仪式与医疗方法。

音乐岩

　　美国新泽西州也有一个奇异的地方，布满了音乐岩。这是个鲜为人知的神奇世界。这里有一片森林，穿过林间小道便是一片开阔的地带。开阔地带在半径数百米内没有一棵树，只有数不清的岩石。这些岩石看上去平平常常，可是如果拿出指南针，就会发现它指不出方位。最令人感兴趣的是这些岩石都具有优美的音色。用铁锤敲击，每块岩石都会发出不同的音阶，甚至在任何一块岩石上敲击不同的部位，也能发出不同音阶，而且音色极为优美。但如果把这个地方的岩石搬到别处敲击，其声音就变得不清脆。这众多的奇异的岩石到底从哪里来的呢？它们又为什么单单在这里才能发出这样美妙的声音呢？至今还没有人能彻底解释其中的秘密。

神奇的位移现象

　　1983年7月，在比利时杜尔地区的瓦洛尼镇居住的克里斯蒂娜·勒格朗和雷吉纳尔·波格朗夫妇，发现他们14个月大的婴儿吉尧姆的卧室里时常在夜里发出一种怪声，他们请警察协助将这事搞清楚。警察在吉尧姆的房间用粉笔把20千克重的小床的4条腿的位置画在地板上，然后关上门下楼。这样，楼上除了熟睡的婴儿外，没有任何人。过了10分钟，楼上突然传来低沉的一声响，警察上楼后，发现门微微开着，那张床也挪动了30厘米。

　　警察局长托马说："当时我在想，也许这张床会自己挪位。我们没有惊醒孩子，就把这张床搬离墙面25～30厘米，然后离开房间，把房门关上。我们耐心地在楼下等了一刻钟。在这段时间里，没有任何人走进小孩的房间，这一点我可以绝对肯定。但是，当我们再一次走进小孩的房间时，这张床竟然重又回到原来的位置上。吉尧姆仍然在床上睡得很香，而那扇我们离开时关上的门也重又微微开着。难道是风把门吹开的？也许是吧，可风怎么能使一张长1.5米、重20千克的床挪动位置呢？"

比利时风光

后来有一天，警察又观察到吉尧姆的床竟竖起来，像一根交通标杆似的，而床上的枕头则放在床板的上方。

对这一奇怪现象，科学家们进行了认真的研究，认为呈现在众人眼前的这桩怪事，是一种当今的人们尚无法想象的既看不见又摸不着的能量在发生作用的现象。

还有人推测，也许勒格朗他们住的那排房子盖在一座老矿上面，所以才有这一怪现象。为此，他们查看了当地的一张地质图，发现杜尔地区的确靠近一条重要的地质断裂带。难道这就是小吉尧姆的床自动挪位的原因？

但是，由于现在的科学家对地质断裂与地球上的许多谜之间到底存在着什么关系未能掌握，因此，这仍然是个谜中之谜。

其实，类似的事件在很早以前就有记载或报道。

1715年，一名英国牧师记载：有一天，他家烤炉上安置的东西忽然腾空升起，虽然窗户紧闭，挂着的窗帘却成水平状飘浮在空中。

1932年5月的一个晚上，科学评论家埃利克·F·拉塞尔家中发生了一件怪事，那天晚上，他和往常一样，在二楼卧室休息，突然楼下的厨房里传来一阵巨响。他赶忙下楼看，原来是厨房里的一个铜制的大过滤器从直角形的挂钩上脱落，掉在瓷砖地上了。他把过滤器重新挂在吊钩上，挂的时候十分仔细，可没想到，挂好熄灯后，他刚跨上楼梯几步，又听到一声巨响。折回厨房看，过滤器重又脱离，但挂钩却没有变形，用力扳也无法使它弯曲。把过滤器重又挂好后，他在二楼屏息静听，整个晚上未听到响声。第二天下楼一看，过滤器却又从挂钩上跌落在地下。在以后的一个星期里，过滤器又不明不白地脱落了两次。这段日子里并没有地震现象。

1939年，在英国，一座干草堆莫名其妙地升离地面六米，在空中浮了几秒钟又慢悠悠地降落下来。

1958年，美国人哈曼家中，一个放在桌子上的瓶子突然瓶盖飞出，瓶子跳动起来，接着桌子上的陶瓷娃娃也飞到空中，距桌面达1米。

物体为什么会在肉眼看不到任何外加力作用的情况下自行移动或腾空呢？难道自然界中存在着一种至今尚未被发现的神奇的作用力？科学家对这一现象还不能作出明确的解释。

➡️➡️ **知识点**

比 利 时

比利时位于欧洲西北部，东与德国接壤，北与荷兰比邻，南与法国交界，西临北海，属海洋性温带阔叶林气候。国土面积30528平方千米，人口1029.9万（2003年），首都设在布鲁塞尔。境内主要河流有马斯河和埃斯考河。人口稠密的比利时是世界上工业最发达的地区之一，亦为19世纪初欧洲大陆最早进行工业革命的国家之一。比利时拥有完善的港口、铁路和公路等基础设施，为与邻国更紧密的经济整和创造条件。比利时经济十分倚赖国际贸易，全国GNP的大约三分之二来自出口，平均出口是日本的5倍。位于比利时北部的安特卫普为欧洲第二大港，同时也是世界上最大的钻石加工地，有钻石之都的称誉。

RENLEI ZAI DILI SHANG DE YIWEN

延伸阅读

物理学的位移

用位移表示物体（质点）的位置变化。为从初位置到末位置的有向线段，其大小与路径无关，方向由起点指向终点。它是一个有大小和方向的物理量，即矢量。物体在某一段时间内，如果由初位置移到末位置，则由初位置到末位置的有向线段叫做位移。它的大小是运动物体初位置到末位置的直线距离；方向是从初位置指向末位置。位移只与物体运动的始末位置有关，而与运动的轨迹无关。如果质点在运动过程中经过一段时间后回到原处，那么，路程不为零而位移则为零。

在工业中，特别是受压和受热设备经常会用到"位移"概念，此时的位移，主要是指设备制定部位相对受压、受热、泄压、受冷之前的相对位置量的变化，通常用轴向位移、径向位移、膨胀指数等术语表示。

塔克拉玛干沙漠之谜

如果将沙漠比作人，那么它的天气就是人的表情，塔克拉玛干沙漠的表情是神秘莫测的。许多学者认为，塔克拉玛干是"干旱之极"，没有降水，湿度基本为零。几千年来，没有关于塔克拉玛干气候的正规记录，而一些"亲临"的人，又因时间、条件所限，所见只是局部，所传达的信息自然难以准确，所以塔克拉玛干沙漠的天气始终是一个谜。

沙漠气候，不是干、热两个字所能简单概括的，是由复杂的天气要素组成的。地球上最热的地方，不是在赤道，而是在沙漠地区。目前世界上气温的最高纪录是57.8℃，那是1922年9月和1933年8月，分别在利比亚的阿济济亚和墨西哥的圣路易斯测得的。前者在地中海南岸，其南为举世闻名的撒哈拉大沙漠；后者在墨西哥中部，位临北美沙漠。我国气温最高的地方，是在新疆吐鲁番盆地吐鲁番市原东坎机场气象哨测得的，温度值为48.9℃，正规气象记录则为47.6℃，也是在吐鲁番市气象站测得的，时间是在1942年、1953年、1956年的同一天——7月24日。沙漠地区气温之高，是因为

塔克拉玛干沙漠

这里空气极端干燥，上空很少有水汽，也就很少有云彩，阳光能直接照射到地面，而沙漠地区地面植物少，储藏热量的能力很低，近地层气温上升很快，形成了高温天气。

根据上面的分析，塔克拉玛干沙漠腹地理应是塔里木的高温中心。实际并非如此。在塔克拉玛干有三个高温区，一个在麻扎塔格山之南，一个在若羌县之东，一个在偏北的满西之北。这三个地方7月份的平均气温均超过长江三大火炉。而真正作为沙漠中心的塔中地区，气温却低于上述三处。按绝对最高温而言，沙漠中超过40℃的日子并不多，极值也不过42.7℃。这种现象的出现，主要是沙漠的广袤，使其具有很强的散热能力。至于人们在沙漠中觉得酷热难熬，原因是沙漠中没有遮蔽之处，一直曝晒于烈日之下，加上极度的干旱，增强了炎热的感觉。只要制造一个遮蔽的环境，例如打一顶太阳伞，你马上会有一种凉爽的感觉。

唐代高僧玄奘由印度取经回国，经和田东行来到媲摩城，即汉代扜弥国，在现在的克里雅一带。在那里，他听人们讲了一个故事，后来他将这个故事记在《大唐西域记》一书中。这个故事讲述了曷劳落迦城被沙埋的经过。曷劳落迦城在媲摩城北，原是一个十分富庶的城镇。但是，这个城镇中居住的居民不敬神佛，欺凌过往的僧侣，用土块投掷他们。最后惹怒了神佛，在7天之后，一场突发的风暴将全城埋没。全城居民中，只有一户因接济过僧侣，他们家人被提前告知，筑地道逃了出来，其余的居民则全部丧命。而这个被淹没的城市中有许多的珍宝，吸引了许多人前往发掘。然而，不论是谁，只要接近曷劳落迦城，就会"猛风暴发，烟云四合，道路迷失"，无一成功者，全都"进去出不来"了。

玄奘记录这个故事虽然有神秘色彩，但是它也说明，塔克拉玛干沙漠的风暴，是湮埋这一地区古代文明的重要原因。其实，塔克拉玛干沙漠腹地大风并不多，并且在高大沙丘区，沙丘移动十分缓慢，一年移动距离不足一米。所以，人们常说的历史时期以来，塔克拉玛干沙漠向南移动了 80～100 千米的说法是不对的。历史时期以来，塔克拉玛干新增沙漠化土地不过三万多平方千米，即使全部摊到塔克拉玛干南缘，也不过平均 4 千米的距离。这是因为原来就在沙漠中的城镇、丝路在废弃后被沙埋所造成的沙漠大规模向南移的假象，实际上，这些遗址南面原先也是沙漠，它们的废弃造成了南北沙漠合二为一的结果。

但是，我们也不能忽视大风所带来的危害。在沙漠外围地区，由于风力活动，会使一些低矮的沙丘每年移动几十米至上百米，对绿洲造成严重危害。而且，由于塔克拉玛干沙漠的沙粒十分微细，在很小的风力下就会启动。别的地方起沙风达到每秒六米，而在塔克拉玛干在风力每秒四米时就能起沙，使塔克拉玛干成为我国西北地区沙尘暴一个重要策源地。

沙尘暴是塔克拉玛干沙漠地区一种常见的天气现象，在塔中和满西，每年的沙尘暴日分别达到 65 天和 60 天，一举掠取新疆的冠、亚军称号。沙尘暴影响范围，少则几百米，多则达上百千米；时间短则几分钟，长则在一昼夜以上，能见度差时真是伸手不见五指，大有黑云压城城欲摧之势。在与一些过境恶劣天气现象相结合时，所形成的沙尘暴更是来势汹汹，规模浩大，常常形成灰、黑、黄色的巨大沙幕，席卷而来，大有扫荡一切之威力。

在塔克拉玛干沙漠中，天气现象也是丰富多彩的。除了日升、日落、朝霞、夕阳、煦煦和风、狂烈风暴等特色外，也可以见到被认为是湿润地区特有的雾、雹、露、霜、雪等种种现象。

雾是因水汽液化而生的，而在被视为干燥绝顶的塔克拉玛干，一样有大雾天出现，在沙漠中，一年中雾日就有三天半。一些学者从理论上探讨过，雹子在极端干旱的沙漠区绝不可能出现，可实际上真有出现。冰雹大者如蚕豆大小，打在头上也很疼痛。

在沙漠腹地，一年中有近 10 天的雷暴日，有长达 140～230 天的霜日，甚至有 2 天降雪日，积雪厚 1～5 厘米。看到一望无际的大漠一派银妆素裹，人们真要惊叹大自然的造化神功了。至于因气候原因形成的自然景观，如沙漠海市蜃楼、尘卷风等，自然更是魅力无穷了。

现在，让我们来了解一下塔克拉玛干气候变迁的来龙去脉。

根据气候学家的推论，在古生代的前半期，大约距今 4 亿年～6 亿年，地球赤道曾经经过新疆或接近新疆，塔里木又处于海水浸没之中，此时的塔克拉玛干是处于炎热而潮湿的热带海洋气候。到古生代后期，从距今 2 亿多年石炭纪晚期，海水从塔里木大规模后退，塔克拉玛干从湿热转向干热，开始了向干旱的转化。到了中生代，塔克拉玛干的气候，尽管还是以暖湿为主流，但较之古生代，温度、湿度都有明显的降低，从热带气候转向亚热带气候，趋向干旱已成定局。

对塔克拉玛干现代天气和气候有重要影响的是在新生代，特别是新生代中距今两百多万年的第二个纪——第四纪。在这一时期，塔克拉玛干的气候虽然也存在暖干、冷干的交替，但总的趋势由热向温转化、由湿向干转化，形成暖温带干旱气候，塔克拉玛干沙漠也于这一时期正式形成。

塔克拉玛干气候经历了几亿年的变迁，其中的成因和过程是十分复杂的。我们只需要知道，沙漠是干旱气候的产物，它的活动性受气候变化，特别是其中干湿变化控制，这是一个经历了上千万年变化的过程。沙漠的气候变化，也跟它的地质变化有密切的关系。从元古代到新生代的前十亿年里，塔克拉玛干经历了从大海到沙漠的沧桑巨变。

我们居住的这个地球，已有 46 亿岁的年龄。地质学家们根据生命的进化史，将地球的历史划分为隐生元和显生元两个大的单元。前一个单元漫长至 40 亿年，后一单元至今已有 6 亿年，并且还在延续。其实，在隐生元中，生命已开始萌动，现在已知的原始植物从 35 亿年前已诞生。不过，像三叶虫等被生物学家认为是生命始祖的生物，却是出现在显生元的。

塔克拉玛干沙漠所在的塔里木地台，形成于十多亿年前的元古代，即显生元第一个地质年代——古生代前的一个地质年代。在元古代中期，塔里木地台在造山运动作用下进一步增生扩大，出现高差悬殊的地貌景观。后来在剥蚀作用下，地台的东北、西北、西南的边缘和地台内部。由于张力而裂开，发生了强烈的沉降。这时，古亚细亚洋海水，趁势由东、西两个方向进入塔里木地台上的裂谷盆地，形成大面积海区，开始是在现今的尉犁——库鲁克塔格、柯坪东——阿瓦提、英吉沙——和田这几片，后来发展为塔里木北部和西南部两大海域。

6 亿年前，在地球进入显生元的第一个地质年代——古生代后，塔里木盆地海域进一步扩大，如今的塔克拉玛干大部分被海水淹没，形成一个统一的塔里木海。塔里木海甚至一度淹没到现今的阿尔金山东段。至距今四五亿年的奥陶纪初期，海域范围达到古生代早期的顶峰，甚至殃及昆仑山东段。此时的塔里木海在东西南北各个方向上均与外海相通，陆地只有一些狭小的孤岛和半岛。而从奥陶纪中期，塔里木海开始自南向北的后退，出现较大面积的浅海盆地。到奥陶纪晚期，塔里木海更明显减小，从柯坪至塔中一线升为陆地。接着，出现了新的造陆运动，进一步促进了海、陆分布格局的变化。此时，海水仅滞留于盆地北部。至距今 3.5 亿年 ~4 亿年的泥盆纪中期，海水大规模向西退却，到了泥盆纪晚期，塔里木大部分已变为陆地。

但是，大海也不甘心至此退出塔里木，在距今 2.7 亿年 ~3.5 亿年的石炭纪早期，它又卷土重来，重新淹没了几乎整个塔里木盆地，延续了几千万年，至石炭纪晚期开始大规模的退却。又经历了几次的反复，至古生代最后一个地质年代，距今 2.5 亿年 ~2.7 亿年的二叠纪晚期，海水全部退出塔里木盆地，塔里木盆地正式进入大陆盆地发展阶段。

到了距今 0.7 亿年 ~2.25 亿年的显生元第二个地质年代——中生代，塔里木盆地基本以大陆环境为主。在盆地内的地堑区，即地层断裂下陷的地区，则有大型淡水浅水湖泊存在。由于气候转向暖湿。降雨增加，河流活跃，沉积范围也进一步扩大。尽管在距今七八千万年的白垩纪晚期，又出现反复的海进、海退，在西塔里木形成袋状海湾，但整个盆地渐趋干旱已基本定局。

从 7000 万年前开始的新生代，成为塔里木趋向现代格局的地质年代。尽管在早期，在西塔里木仍然海进、海退频繁，而东塔里木却成为大陆剥蚀区，为新生代第一纪——第三纪晚期的大规模沉积活动准备了丰富的物质来源。随着喜马拉雅造山运动的波及和影响，盆地周围山体急剧抬升，河流广泛发育，将山区风化剥蚀物搬运到盆地中心，奠定了今天的塔克拉玛干沙漠。

关于塔克拉玛干沙漠的年龄，有过许多的说法。我国权威的沙漠学家、前中国科学院兰州沙漠研究所所长朱震达研究员认为，塔克拉玛干沙漠是第四纪中更新世以来形成和发育的，也就是说只有 14 万年的历史。这种认识在很长一段时间被绝大多数学者所接受和认同。而 20 世纪 80 年代以来，一些石油地质学家和古生物学家却提出了不同的意见，他们认为塔克拉玛干沙漠在第三纪中新世或上新世即已形成，将沙漠年龄一下提高到100万年～2500万年，他们中保守一些的人也认为塔克拉玛干沙漠至少形成于第四纪早更新世，距今也有120万年之久。不过，也有少数人认为，塔克拉玛干沙漠是在第四纪晚更新世末，甚至全新世时才形成的，沙漠年龄不过一两万年。

这几种说法所判断的塔克拉玛干沙漠的年龄，从一万年到两千多万年，相差了两千多倍，谁的说法更准确一些呢？沙漠环境的形成、演化与沙漠地貌所处的发育阶段是有区别的。前者的年代可以很早，而后者则因地貌发育阶段不同，年龄差异可以很大。例如，塔克拉玛干沙漠中的丝路、城镇，当年都是处于沙漠环境之中，但它们的所在地还不能称为沙漠，否则就不会在那里建设城镇了。而废弃后，许多已为风沙湮埋，沦为真正的沙漠，其形成、发育史也就不过区区几百年至上千年。此外，由于形成原因不同，即使在同一个地区，也可能有多次的沙漠发育史，但是，此沙漠已非彼沙漠。塔克拉玛干沙漠的两个大的发育期，就是两个性质完全不同的沙漠，在沙漠的基质、外貌上都有很大的不同。

董光荣先生提出的上限，延伸到了中生代最后一个纪——白垩纪的晚期，距今约9750万年～6500万年，此时在塔里木盆地的河岸、湖岸、海滨，已有零星沙漠的分布，在进入新生代第三纪后，沙漠进一步扩展、活化。进入第四纪后，沙漠反而开始缩小，直到距今14万年的中更新世以后，风成亚沙土广泛发育，沙漠随之进一步扩大。尽管十多万年来，沙漠的发育经历了多次的反复，但总的趋势是处于扩展之中，最终形成今日的格局。

为了清晰说明塔克拉玛干沙漠的变迁史，董光荣将塔克拉玛干沙漠的形成发育分为前第四纪时期和第四纪时期。前第四纪通俗地说就是第四纪以前的一段时期，包括了中生代白垩纪晚期和新生代第三纪，时间跨度为9500万年。第四纪时期的时间跨度则为250万年。

在前第四纪时期，出现了全球性气温下降，塔克拉玛干地区由亚热带、热带环境转为亚热带——暖温带环境，气候进一步干旱，植被也逐渐由稀树草原转变为荒漠草原，沙漠也逐步形成，性质上是固定、半固定的草原型沙漠，由于沉积物多为紫红或棕红的富含石膏、芒硝和钙结核的物质，沙漠外观以红色为基调，故称为红色沙漠期。

随着气温的进一步下降，进入第四纪以后，塔克拉玛干气候转为温带环境，随冰期的波动，变化于暖温带至寒温带间，干旱的趋势进一步发展，形成暖干与冷干的气候组合，以"干"为基本特色，与地球其他地区，如季风区的暖湿、冷干组合，西风区的冷湿、暖干组合迥然不同，表明了本区的干旱特色。此时的沙漠，由草原型转化为荒漠型，流沙逐渐增多，规模也不断扩大。由于提供沉积的风成沙和原生风成亚沙土色泽棕黄，使沙漠呈现了黄色的主体色调，所以又称为黄色沙漠期。

认为塔克拉玛干沙漠是全新世以来形成的观点，也不是完全没有道理的。据对塔克拉玛干沙漠腹地流动沙丘下地层采集的石英砂的年代测定，证明在全新世早期，在沙漠腹地出现过大范围的河湖沉积，此时的沙漠应处于收缩和向固定化转化的阶段。到全新世中期以后，随风力活动的加强，风沙堆积进入旺盛时期，现代的高大流动沙丘也就是在这一时期形成的，距今也就是四五千年。在塔里木河故道上的大片沙丘，甚至只有500年的形成历史。

据此我们可以认为，就沙漠形成的历史来说，塔克拉玛干沙漠是古老的，具有近亿年的历史；而就现代沙丘的形成来说，塔克拉玛干沙漠又是年轻的。

➡➡➡ **知识点**

新 生 代

新生代是地球历史上最新的一个地质时代，它从6500万年前开始一直持续到今天。随着恐龙的灭绝，中生代结束，新生代开始。新生代被分为三个纪：古近纪、新近纪和第四纪。总共包括七个世：古新世、始新世、渐新世、中新世、上新世、更新世和全新世。古近纪占了前三个世，时间大约是6500万年～2300万年前。新近纪占了中间两个世，时间大约是2300万年～160万年前。第四纪占了最后两个世，时间大约是160万年前至今天。所以，第四纪也叫做人类纪或灵生纪。这一时期形成的地层称新生界。新生代以哺乳动物和被子植物的高度繁盛为特征，由于生物界逐渐呈现了现代的面貌，故名新生代，即现代生物的时代。

延伸阅读

地质年代

地质年代就是指地球上各种地质事件发生的时代。它包含两方面含义：其一是指地质事件发生的先后顺序，称为相对地质年代；其二是指各地质事件发生的距今年龄，由于主要是运用同位素技术，称为同位素地质年龄（绝对地质年代）。这两方面结合，才构成对地质事件及地球、地壳演变时代的完整认识，地质年代表正是在此基础上建立起来的。

地质学家和古生物学家根据地层自然形成的先后顺序，将地层分为 5 代 12 纪。即早期的太古代和元古代（元古代在中国含有 1 个震旦纪），以后的古生代、中生代和新生代。古生代分为寒武纪、奥陶纪、志留纪、泥盆纪、石炭纪和二叠纪，共 6 个纪；中生代分为三叠纪、侏罗纪和白垩纪，共 3 个纪；新生代分为古近纪、新近纪和第四纪，共 3 个纪。

三峡"天坑"之谜

与长江三峡毗邻的重庆奉节县有一个神秘莫测、堪称世界之最的特大型天坑，因它位于该县境内小寨村，故被人们称之为"小寨天坑"。所谓天坑，从地质学角度解释，即漏斗形下陷地貌；又一说是由数亿年前陨星撞击而成的。天坑边缘由峭壁悬崖围成，呈"桃"形，短径 520 米，长径 622 米。坑内四面山峰向下延伸，铁壁般合围成漏斗状，直至坑底。站在天坑边缘向下俯视，目光一落千丈，令人魂飞魄散；站在坑底向上方仰望，仿佛就在十八层冥冥洞府之中，肃杀阴森，令人毛骨悚然。坑底一条阴河从西南方流向东北方，露出的一段长约 110 米、宽约 4 米的河水呈黑绿色，但清澈见底。

1997 年 4 月，一支由英国考古学家、天文学家、地质学家联手组成的科学考察队抵达奉节县小寨天坑。他们决定在以往基础上力争得到新的资料、数据，通过对天坑成因等进行的详细勘察，以期揭开其神秘的面纱。

4 月 17 日上午，考察队沿西侧一条羊肠险径下到天坑底部，由密密麻麻的海螺、贝壳化石凝结成的岩层呈现在他们面前。采用超导远红外探测摄像器向天坑峭壁作逐一圆周扫描时，考察队发现，峭壁内约6米深处竟隐藏着7个直径为4米的大圆球！它们呈曲线排列，球面上还刻着一些无法破译的文字和符号。经"裂变径迹法"测定，圆球距今有7000万年～8000万年，主要成分是金属钛，圆球的岩石密度每立方厘米为3.2～3.4克，和月球表面岩石的密度差不多，这使大家惊讶不已。

小寨天坑

在天坑底部，威廉·霍德博士意外地发现了一个恐龙头骨化石。就此，威廉·霍德在他的日记里曾这样写道："4月20日，考察队继续对中国奉节县神奇天坑进行考察。我惊喜地发掘出一个恐龙头骨化石，这是多棘龙的头骨化石。多棘龙和其他恐龙一样，生活在侏罗纪时代，属食肉类恐龙。令人困惑的是，这个头骨曾被锯成相等的两半，之后又被缝合，其切割痕迹十分整齐，手术水平与我们现代医学的水平不相上下，很难想象这是地球原始人所为，那么，是谁对它实施了外科解剖手术呢？"

在之后的几天里，考察队于天坑底部一侧测出有一道狭长岩缝向北延伸，延伸至何处却无人知晓，这也是以前未曾发现过的。他们费力劈开乱树丛小心翼翼地步入其间。黑暗中许多蝙蝠被惊动，在周围乱飞，发出吱吱怪叫。行至300米处，可以看见7个三角形箱子，和圆球一样，也排列成曲线，箱子间或发光。考察队员们试图接近它，但感到四肢麻木，好像有电流穿过。由于岩缝里阴暗潮湿，空气稀薄，众人不敢久留，便退了出来。他们分析这7个三角形箱子，当属通讯器材之类的东西，只可惜得不到实物，只拍下了箱子的图片。图片在英国天体信息研究院作了鉴定：这7个箱子有向宇宙发射信号的功能，圆球是接收器，接收地上发来的信号并输送给工作室……

据此，有人便推测天坑很可能曾是外星人的一个工作基地，之后不知何故被废弃了。持该种观点的人对地陷说不屑一顾，对陨石撞击说则予以驳斥：倘若小寨天坑系陨石撞击而成，为什么在它周围没有发现丝毫陨石的痕迹，更没有散落着的角砾岩块，况且天坑岩石不具超基性！但小寨天坑若非外星人所为，那么那些大圆球、三角形箱子、被切割的恐龙头骨，其中之奥秘又作何解释？一些严谨的科学家目前仍然认为，小寨天坑并不是外星人工作基地。看来，小寨天坑是地陷奇观，还是陨星撞击而成，或者是外星人废弃的工作基地，还需要人们的进一步探索。

知识点

恐 龙

恐龙是生活在距今大约 2.35 亿年~6500 万年前的、能以后肢支撑身体直立行走的一类动物，支配全球陆海空生态系统超过 1.6 亿年之久。大部分恐龙已经灭绝，还有一部分继续繁衍至今，如龟鳖类、蜥蜴类、鳄类、蛇类等等；还有一部分恐龙沿着不同的方向进化成了今天的鸟类和哺乳类。恐龙是中生代的多样化优势脊椎动物，大多数属于陆生，也有生活在海洋中的（如鱼龙），也有占据天空能飞翔（如翼龙）的爬行动物。

延伸阅读

大禹疏浚三峡

据传，大禹治理水害是从岷江开始的。他首先在汶山县的铁豹岭一带疏导岷江，然后凿开金堂峡口，《尚书·禹贡》说："岷山导江，东别为沱"，也就是分岷江水入沱江，使其在泸县流入长江，从而减少进入成都平原的洪水。之后，大禹又顺江东下到了江州（今重庆市）一带，娶涂山氏为妻，生了一个儿子取名启。接着来到了三峡，便开始疏浚三峡的工程。他凿开了堵塞江水的巫山，使长江之水能够顺畅东流。然后，他又凿开瞿塘峡"以通江"，开西陵峡内的"断江峡口"（见《水经注·江水》），终于使长江顺利通过三峡，向东流注大海，解除了水患对长江中下游的威胁，而上游的四川盆地终成粮仓，号称"天府之国"。

传说，大禹在疏浚三峡时，还曾得到神女瑶姬的帮助。人们说，大溪宽谷中的"锁龙柱"和"斩龙台"，即为瑶姬帮助禹治水凿峡时锁龙斩蛟的地方；巫峡中的"授书台"，是瑶姬向禹授治水黄绫宝卷的地方，而不愿回天庭的神女也变成了那座令人向往的神女峰；西陵峡内的黄牛峡，就是因神女留下来看守三峡的神牛而得名。

各地的鸣沙之谜

所谓鸣沙，也就是会发出声响的沙子。鸣沙现象是普遍存在的，在美国的长岛、马萨诸塞湾，英国的诺森伯兰海岸，丹麦的波恩贺尔姆岛，波兰的科尔堡以及巴西、智利和亚洲与中东的一些沙滩、沙漠都会发出奇特的声响。

在我国有四处鸣沙地，第一处是已为古志（《太平御览》、《大正藏》）所载的今天甘肃敦煌县南的月牙泉畔鸣沙山，又叫雷音门；第二处是竺可桢在《沙漠里的奇怪现象》一文中描述过的宁夏中卫县沙坡头黄河岸边的鸣沙山；第三处是新疆哈密地区巴里坤哈萨克自治县的鸣沙山；第四处是内蒙古达拉特旗（包头市附近）南25千米库布齐沙漠罕

银肯响沙

台川（黄河支流）两岸的响沙湾，这处沙山有60米高，100米宽，又叫银肯响沙（"银肯"一词的蒙语为"永久"之意）。

鸣沙这种自然现象，在世界上不仅分布广，而且鸣沙发出的声音多种多样，有的如同哨声、笛声、竖琴声、提琴声，有的像雷鸣、飞机和汽车发动机的轰鸣声，还有的像狗叫声。人们对不同的鸣沙，赋予不同的名称，有的称鸣沙，有的叫歌沙、音乐沙，也有的叫咕噜沙、神沙等。

然而，沙为什么会"鸣"呢？这个问题使人困惑，也激起了人们对它进

行研究和探索的兴趣，对鸣沙原因也有各种各样的解释。

一些学者认为，沙粒涂上了一层薄薄的钙镁化合物，在大量的沙相互摩擦时，产生了类似提琴用擦上松香的琴弓沿着琴弦奏出乐曲一样的声音。

还有的研究者认为，鸣沙的基本原理在于空气在沙粒之间的运动，当沙粒在滑动的时候，它们之间的孔隙一会儿扩大，一会儿缩小；空气一会儿钻进这些孔隙，一会儿又被挤出这些孔隙，因此便产生振动而发声。

也有一种解释：沙因带了电而引起发声。苏联学者雷日顺利地制成了人造的发声沙。他取普通的河沙弄干，清洗沙中尘土，再从中清除别的杂质，然后在一般的起电盘的帮助下充电，接着沙开始响起来——再用一只手挤压它时，沙就发出拉提琴的响声。

马里科夫斯基在考察俄罗斯卡尔岗上的鸣沙后，提出了自己的解释，他认为每个鸣沙沙丘的内部，都有一个密集而潮湿的沙土层，它的深度是随雨水的多少而改变的。夏季，潮湿层较深，它被上面干燥的沙土层全部覆盖起来，潮湿层的底下又是干燥的沙土层，这就可能构成一个天然的共鸣箱。当雪崩似的沙粒沿着斜坡倾泻下来时，干燥沙粒的振动波传到潮湿层，就会引发共鸣，像乐器的共鸣箱一样，使沙粒的音量扩大无数倍而发出巨大声响。

俄罗斯另一位学者在考察了中国的中卫沙坡头和达拉特旗的响沙湾后发现，两地沙子的质地均属细沙类，而且石英质地的沙粒占其中的 52% ~ 62%，于是他认为，由于石英晶体具有特殊的压电性质，使鸣沙中的这些石英沙粒对压力非常敏感。一旦受到挤压就会带电，在电的作用下它又会反复伸缩振动。振动得越厉害，产生的电压越高；电压越高，振动越厉害，于是"歌声"就越来越响。

不过石英沙的分布是很广的，响沙却没有那么普遍，而且一般鸣沙换个地方就会变"哑巴"，所以更多的人还是认为鸣沙的形成与当地特殊的地理环境有关。

1979 年，我国的马玉明撰文《响沙》，提出新见解：响沙的"共鸣箱"不在地下，而是在地面上的空气里。他认为响沙的发生需具备三个条件：一是沙丘高大且陡；二是背风向阳，背风坡沙面呈月牙形；三是沙丘底下有水渗出，形成泉和潭，或有大的干河槽。而且提出，由于空气温度、湿度和风的速度经常在变化，不断影响着沙粒响声的频率和"共鸣箱"的结构，再加上策动力和沙子固有频率的变化，响沙的响声也经常变化。有时下雨天去看响沙，发现响沙不响，正是由于温度和湿度的改变破坏了响沙"共鸣箱"结构的缘故。像宁夏中卫沙坡头的响沙，就是由于周围造林绿化等原因破坏了共鸣的条件，响沙已有十几年不响了。

然而，国外一些海滨的响沙沙滩是相当平坦的，不存在高而陡的月牙型沙丘，而且它们往往只会在雨后不久，表面层刚刚干燥的时候发出响声。这又如何解释呢？日本京都府北面丹后半岛的海水浴场上有两处响沙：一处叫琴引滨；一处名击鼓滨。这两条沙滩不仅音色截然不同，甚至还有季节性变化。由此日本学者得出结论：海滨响沙——最重要的条件是要洁净的海水不断地冲刷。夏天游泳的人太多，把海水弄得太脏，沙子便不响了，这与沙漠的响沙的"脾性"似乎完全两样。

我国的几种鸣沙山还有两个特别奇特的地方，在古代书籍里面曾经记载着：第一个奇特的地方是山麓都是清泉，尽管周围的沙丘一个紧连着一个，可是千百年来泉水一直没有被黄沙掩埋。第二个奇特的地方是不管有多少人爬到沙山顶上，滑落下来多少沙子，到了第二天风又会把沙子吹到山坡上去，使沙山变得跟原来一模一样。这到底是怎么回事儿呢？它们和响沙的秘密一样，也没有一个能说服人的答案。这个谜团什么时候才能够真正地解开呢？

▶▶▶ 知识点

哈 密

哈密是新疆的东大门，是新疆连接内地的交通要道，自古就是丝绸之路上的重镇，素有"西域襟喉"、"中华拱卫"、"新疆门户"之称。东与甘肃省酒泉市相邻，南与巴音郭楞蒙古自治州相连，西与吐鲁番、昌吉回族自治州毗邻，北与蒙古国接壤。设有国家一类口岸——老爷庙口岸，是新疆与蒙古国发展边贸的重要开放口岸之一，边界线长586千米。辖哈密市、巴里坤哈萨克自治县和伊吾县，总面积15.3万平方千米，总人口57.24万（2010年）。有汉、维、哈、回、蒙等36个民族，少数民族人口占31.8%，城镇人口占58.3%。辖区内有新疆生产建设兵团农十三师。

延伸阅读

神奇的"响山"

说起沈阳市新城子区清水台镇寒坡岭这个地方，真是有些怪。这里不仅发现了"怪坡"，1989年末还曾发现了一座"响山"。

"响山"在"怪坡"的东侧100多米处的山坡上，从坡底通向山顶有一条30多米长的小路，"响山"的确切地点就在这方圆约200平方米稍凹的位置上。人站在这里稍稍用力踩踏地面，就会感到脚下发出咚咚的声音。最令人感到不解的是，你由坡下向上走，就有响动，而从坡上向下走就没了响动。

科研人员在考察"响山"时，用硬物撞击地面，在听到咚咚声的同时，身体也能感到明显的震动。当用听诊器隔着橡胶水袋探听地面时，震动声就更大了。科研人员猜测，"响山"内部可能被水长期侵蚀或由于其他什么原因而形成了空洞。在"响山"两侧的采石坑边缘，可以看到坡上的土层分布薄厚不均，土层下面还有一层风化石。在测试时还发现，山坡上凹的部分与凸的部分响声有明显差异，土质软与土质硬的地方响声也有不同。处在土层与岩石之间的风化石层可能有空隙，响动声也可能与此有关。

佛灯之谜

在我国庐山、青城山、峨嵋山等地，每当月隐之夜，山下黑沉沉的幽谷间，会突然涌现出十到数百点荧荧火光。火光时大时小，时聚时散，忽明忽灭，忽东忽西，或近或远，高者半天，低者掠地。古人把这看成是过路神灵或仙佛手提灯笼穿行在天地之间，这便是所谓的佛灯。

据载，历代看到佛灯的人很多，许多文人骚客也为此留下了很多诗篇，其中著名的有南宋诗人范成大的《最高峰望雪山》，明代学者王阳明的《文殊台夜观佛灯》等。其实，佛灯现象并不常见，即便住在庐山几十年的人也很难看到一次，这就给研究者带来了重重困难，因而它成了一个至今悬而未决的千古之谜。

1961年秋，我国著名地理学家竺可桢在考察庐山后，特地将佛灯作为庐山大自然的三大谜题（佛灯谁点燃？庐山云雾为何有声音？庐山雨为何自下往上跑？）之一，向庐山有关研究所提出来，希望科学工作者能认真进行研究。

庐山佛光

据记载及目击者的描述，佛灯的颜色有白、青、蓝、绿色等，很像天上的星星，而且，在山上看，佛灯主要在山下，高度很低，此光忽明忽灭，闪烁离合。

根据上述佛光的几点共性，有的研究者认为它很可能是山下灯光的折射，还有人认为是星光在水中的反射，也有人说是一种大萤火虫的飞舞，更有山中蕴藏镭或金等发荧光的矿石的推测。然而最普遍的解释是磷火说，认为佛灯即民间所说的"鬼火"，系山中千百年来死去的动物骨骼或含磷地层中所含的磷质，与空气中的水分发生作用，产生磷化氢和四氧化二磷气体，它们在空气中极易自燃，因比空气轻而随风飘动，故有闪烁离合的景象。由于磷化氢燃烧时光不强，所以必须是在没有月光的夜晚才能看到。

但研究者认为磷火说的漏洞不少：一是磷火多贴着地面缓缓游动，不可能飘得很高，更不会"高者天半"或"有从云出者"；二是磷火的光很弱，庐山文殊台和青城山神灯亭的海拔皆在 1000 米以上，峨眉金顶海拔超过 3000 米，不可能看得那么清清楚楚。

1981 年 12 月 14 日，庐山云雾所收到海军航空兵老飞行员郭宪玉的来信，他对佛灯的来源提出了一个全新的看法，认为它是"天上的星星反射在云上的一种现象"。郭宪玉说，夜间没有月亮时在云上飞行，飞机下面铺天盖地的云层就像一面镜子。从上往下看，不易看到云影，只能看到云反射的无数星星。飞行员在这种情况下易产生"倒飞错觉"，就是感到天地不分，甚至会觉得是在头朝下飞行。从而联想到天黑的夜晚，若有云层飘浮在大天池文殊台下，把天上的群星反射上来，就有可能出现佛灯现象。由于半空中的云层高低不一，游移不定，所以它反射的荧荧星光也不是固定的，也许在这个角度反射一片，在那个角度就反射另一片，从而映出闪烁离合、变幻无穷的现象。

然而，这种云反射呈光的现象应该是相当普遍的，而佛灯却并非每处高山都能见到，而唯独在青城山主峰高台山顶的上清官旁的神灯亭、峨眉山的金顶睹光台和庐山大天池的文殊台才会出现，可见这尚不足以定论。

那么，佛灯形成的真正原因是什么呢？还需进行更深入的研究。

知识点

竺可桢

竺可桢（1890～1974），浙江上虞人。当代著名的地理学家和气象学家，中国近代地理学的奠基人。1910年公费留美入伊利诺伊大学农学院学习，1913年夏毕业后转入哈佛大学研究院地理系专攻气象，1918年获得博士学位。他先后创建了中国大学中的第一个地学系和中央研究院气象研究所；担任13年浙江大学校长，被尊为中国高校四大校长之一。他对中国气候的形成、特点、区划及变迁等，对地理学和自然科学史都有深刻的研究。他一生在气象学、气候学、地理学、物候学、自然科学史等方面的造诣很深，而物候学也是他呕心沥血作出了重要贡献的领域之一。我国现代物候学的每一个成就都是和他的工作分不开的。他始终从科学的视角，关注着中国的人口、资源、环境问题，是"可持续发展"的先觉先行者。

延伸阅读

莫高窟佛光

自古以来，敦煌的三危山山巅，在大雨过后，朝阳或落日余晖的照耀下会放射出五彩缤纷的光芒，被人们称为莫高窟佛光。对此，科学界存在两种解释。第一种解释是，三危山纯为沙浆岩层，属玉门系老年期山，海拔高度约1846米，岩石颜色赭黑相间，岩石内还含有石英等许多矿物质，山上不生草木，由于山岩成分和颜色较为特殊，因而在大雨刚过、黄昏将临，空气又格外清新的情况下，经落日余晖一照，山上的各色岩石便同岩面上未干的雨水及空气中的水分一齐反射出五彩缤纷的光芒，将万道金光的灿烂景象展现在人们眼前。另一种解释是：莫高窟修造在鸣沙山东麓的断崖上。崖前有一条溪，在唐代叫"宕泉"，现今叫大泉河，河东侧的三危山与西侧的鸣沙山遥相对峙，形成一夹角。傍晚，即将西落沉入戈壁瀚海的落日余晖，穿透空气，将五彩缤纷的万道霞光洒射在鸣沙山上，反射出万道金光，这正是我们有时看到的"夕阳西下彩霞飞"的壮丽景象。孰是孰非，没有定论。

生物地理之谜

　　生物为我们人类提供最基本的生存需要，也是人类不可缺少的朋友，在生物的世界里发生着一个个令人费解的奇怪现象：作为生物中的一员，我们人类也许对一个问题始终怀有兴趣：在我们这个生机盎然的地球上，所有的生命是怎样开始的呢？

　　我们所在的地球，是不是宇宙中唯一的生命摇篮？宇宙其他星球上是否还存在着别的生命乃至智慧生命？位于英国苏格兰大峡谷的尼斯湖究竟有没有水怪？是什么样的水怪呢？美人鱼，一个令人怦然心动的名字，自然界中完美生灵的结合。除了艺术形式中所常见的形象之外，海洋中真的有美人鱼吗？

　　不论从高加索、帕米尔还是从蒙古高原、喜马拉雅山，都有人说看到了雪人，并且大多数信息都证明雪人属于人科动物，果真是这样吗？在当今世界上，有人把"野人"同飞碟、尼斯湖怪、百慕大三角称为世界"四大谜"，而"野人"之谜直接与现代人的起源相关，格外引人瞩目，然而至今没有找到一个真实的野人标本……

地球生命起源探索

　　不仅是科学家，包括许多普通人在内的人类，自始至终最感兴趣的一个问题是：在我们这个生机勃勃的地球上，所有的生命是怎样开始的，是地球固有的还是外来的呢？

关于这个问题，科学界到目前还未有一致的说法。不过，科学家们相信地球上最初的生命，不论它是什么，都一定具有繁殖下一代的能力，而这个最初生物懂得把有关自己的信息资料，以遗传形式传给下一代，把生命延续下去。

关于地球生命的起源，有两种假说，一种认为原始生命是原始地球上产生的。进化论学派生物学家认为 35 亿年前岩石形成时期的一种单细胞细菌，是人类的祖先。这种"原始"生物的构造也相当复杂，它拥有 DNA 和 RNA 两种基因，并由蛋白质、脂类和其他成分组成。令人怀疑的是，在这"原始"生物出现以前，另有一种构造更简单的生物存在。

RENLEI ZAI DILI SHANG DE YIWEN

地球生命起源

1953 年美国大学生唐来·米勒的实验证明，生命的单位氨基酸能从几种简单的化合物中得到。从而使生命的"地球产生说"几乎成了定论。但根据近 15 年的见解，原始大气不是"还原型"的。米勒的实验很难合成生命的基本素材——氨基酸。

人们一直相信，地球上的生命最早是从海里诞生的，也就是说，生命起源于水。然而在 20 世纪 80 年代初，西方有些科学家对 40 多亿年前地球上最早出现的第一批生命（即原始生命）的起源问题，提出了一种新的看法，引起了科学界的注目。这种新看法用一句通俗的话来说，就是"生命是从火里诞生的"。

按照过去地质史学界长期以来的传统说法，在地球形成的初期（距今35亿年~36亿年前），由各火山口喷出的炽热的二氧化碳气体，在大气层中筑成了一个相似于温室的气墙，它吸收了太阳的热力，把热力凝聚在地球的表面上，因此，在地球诞生后不久的那些岁月里，由于地球表面的温度高达540℃左右，所以那时绝对不可能有任何生命的存在。直到地球表面的温度逐渐降低之后，生命才开始孕育生长。可是，有些科学家近年来对上述说法提出了怀疑和挑战。

据1981年8月3日《新闻周刊》和1982年第5期美国《读者文摘》发表的文章报道，美国的圣海伦斯火山于1980年爆发时，释放出来的高温和喷发出来的有毒化学物质，杀死了附近苏必利湖中几乎所有的生物。但是，令人惊奇的是：美国俄勒冈州大学的科学家们却在该湖中发现了一些微生物，它们非常类似于40多亿年前地球上最早出现的第一批生命——原始微生物。该大学著名的微生物学者约翰·贝洛斯说："火山喷发释放出的酷热能够将一些最基本的原始气体变成蛋白质和其他分子。"——这是地球上最早产生生命的第一步。

火山爆发把一些金属和硫黄倾散在苏必利湖中，使湖内淤积了大量的金属和硫黄，并把火山口里表面覆盖着硫黄的岩石加热到华氏194℉——这恰好是一些奇怪的细菌能够繁衍的适当条件。该湖里的微生物用它们多孔的"皮肤"吸收养料，包括铁、锰、氨、硫、碳等。这些微生物是厌氧的，它们根本不靠氧气生存。据一些科学家推测，地球上最早出现的第一批生命——微生物，就是厌氧菌，也是不靠氧气生存的。这一推测和20世纪80年代于加拉帕戈斯深海火山口周围发现的水下微生物是一致的。

另外一些科学家不赞成生命源自地球本身说。

星体科学家们怀疑生命的起源来自星际空间，理由是在月球表面或火星的火山口，都可以找到不少有机合成物。早在19世纪初，人们已在陨石上找到有机分子，它们是有机合成物诞生的重要因素。这种观点认为：地球生命来源于宇宙，陨石是载着生命种子的星际"飞船"，地球上最初的生命就是由陨石送来的。日本电气通信大学的中川直哉大胆地提出一种新设想，生命的基本物质诞生于漂浮在宇宙的尘埃上，掺杂在宇宙尘埃上的氢等受到放射线的照射，发生反应，形成氨基酸等复杂的有机物。它们随陨石进入地球，形成生命的母体。如果这种见解是正确的话，那么昔日被人笑为幻想的生命地外说又死灰复燃了。

不过，持原始生命产生于地球本身观点的科学家们认为，这些星体上的有机物，迁居地球的机会绝无仅有，因为它们降落地球时产生的高温，足以把整个海洋蒸干，令地球成为不毛之地，任何生物也无法在其上生存。由此看来，两种见解都有难以服人的缺陷，两种见解至今还在不断完善、不断争论之中。

据2000年7月23日《大河报》报道，美国和欧洲的一些天文学家们，目前仍在讨论这样一个问题。生命是否起源于火星而非地球，地球上的生命是否是由陨石带来的?

芬兰研究人员毛利威尔托在给美国天文学会的一份报告中指出，近来的天文观察和实验结果，使得有关的科学家们越来越相信，我们地球人的祖先，很可能是来自火星的"火星人"。

当前，大多数科学家都认为，生命源于一个类似现代的细菌那样的"先祖"。这个细胞后来进化为植物、动物和人类等各种生命形式。传统的观点认为，地球上第一个这样的细胞出现在35亿年~38亿年之前。

然而，一个由10位来自欧美国家的天文学家组成的专家小组最近提出，比地球小，并且离太阳更远的火星，早在地球冷却前，就已经适合生命的存在。这个小组中的来自瑞典皇家技术学院的资深学者米莱考斯基说："火星先于地球出现生命，我们人类的祖先很可能是某种形式的'火星人'。"

许多科学家还认为，如果生命形式真的起源于火星，那么，这种生命形式是很容易到达地球的。因为火星陨石是由彗星或小行星撞击火星表面造成的。这种撞击足以将火星表面的携带微生物的岩石抛到火星引力之外的地方。他们估计，虽然只有不到1%的这类岩石到达地球，但它们已经足以将生命的种子传到地球上来。证明这一观点成立的关键在于论证火星上是否存在着或存在过生命。而论证火星上存在生命，就必然论证火星上是否存在水的问题。

20多年前，从美国"海盗"号飞船登陆火星时起，科学家就得出结论，火星在距今二三十亿年前可能遭遇过特大"洪灾"，但其引发"洪灾"的水源却不得而知。据"火星探路者"发回的观察结果表明，火星南北两极冰盖的面积比美国得克萨斯州还要大，但只及地球上格陵兰冰盖的一半，是地球整个南极冰盖的4%。研究人员认为，火星两极冰盖中含有的水能够填满火星上的一个古代海洋。但这与有些科学家的观点不一致，他们认为火星冰盖中水分有限，火星表面上纵横交错的沟渠不太可能是水流冲刷所致。火星北级地区有一个很深的盆地，据推测是由小行星撞击形成的，冰盖就位于该盆地中。但2000年年初，英国科学家对火星"洪灾"又给出了新的解释，他们认为洪水很可能由火星地表下的火山运动所引起。他们建立数学模型并进行模拟分析，得出结论认为，炽热的火山岩浆可能融化火星地下的冰冻层，产生大量的水源，从而引发火星地表洪水泛滥，洪水最终在火星地表深处重新冻结，有一部分可能重新渗入地下。

水是生命之源。有水的地方，便有可能存在生命。寻找火星上的生命，人们渴望得到答案。1996年8月，NASA的科学家对一块名叫"阿兰山84001"的火星陨石进行了分析，它是从南极冰盖中被发现的。他们认为这是火星与小行星发生碰撞时产生的碎片，在太空中游荡数万年后，于几年前落到地球上，认为这块陨石是由古代火星细菌形成的。岩石中的氯是由微生物或其他生命沉积而成的，但是美国加利福尼亚大学的化学教授对此提出新的质疑，认为陨石中的氯元素与大气中的氯元素的化学特征相同，而与水中的氯元素不同。不过，从火星上有水的证明已充分说明了火星上生命存在可能性了。

科学家们也指出，还存在另一种可能性，这就是生命起源于地球，然后传播到火星。可是出现这种可能性的机会不大，因为地球陨石是很难击中离太阳系中心较远的一颗较小的小星球的。

据英国《新科学家》2000年7月刊载的文章，英国皇家气象学会千年会议上，美国的科学家提出了一个新假说，地球高层大气中的微小水滴具备形成复杂有机大分子的条件，生命也可能诞生于这些水滴之中。这一观点虽然与火星生命说、陨石说不同，但却有力地支持了地球生命来源于地球外的学术观点，解决了有机物在降落地球时被高温所毁的理论缺陷。

长期以来，人们一直认为海洋孕育了所有的原始生命。然而美国科学家却认为不尽然，他们大胆假设部分地球生命乃"横空出世"。

美国专家对大气中悬浮的微小水滴进行研究后发现，其中近一半杂质是有机物。这些有机物是随水一起从海洋中蒸发起来的，它们在水滴周围形成一层有机物薄膜。这些尺寸仅在几微米的水滴在同温层中可停留一年之久，在此期间它们会彼此融合，并与其他悬浮微粒相结合，使水滴中的杂质越来越多、越来越杂。

随着水的蒸发，水滴中的有机物浓度越来越高。在强烈阳光的照耀下，这些有机物可能发生化学反应，使简单的有机分子结合成复杂分子。原始的DNA（脱氧核糖核酸）和蛋白质也许就是这样形成的。

此外，当水滴因彼此融合而变大，最终落回海洋之中时，海水中的有机物可能在它周围形成另一层薄膜，与原来的薄膜共同构成一个双分子膜，其结构与生物细胞膜类似。科学家说，这或许可以成为细胞膜起源的新解释。

➡ 知识点

氨基酸

氨基酸是构成蛋白质的基本单位，赋予蛋白质特定的分子结构形态，使它的分子具有生化活性。氨基酸广义上是指既含有一个碱性氨基又含有一个酸性羧基的有机化合物，正如它的名字所说的那样。但一般的氨基酸，则是指构成蛋白质的结构单位。在生物界中，构成天然蛋白质的氨基酸具有其特定的结构特点，即其氨基直接连接在 α-碳原子上，这种氨基酸被称为 α-氨基酸。在自然界中共有 300 多种氨基酸，其中 α-氨基酸 21 种。α-氨基酸是肽和蛋白质的构件分子，也是构成生命大厦的基本砖石之一。

🌱 延伸阅读

DNA 检测

DNA 是一种很重要的遗传物质。脱氧核糖核酸（Deoxyribonucleic acid，缩写为 DNA）又称去氧核糖核酸，是一种分子，可组成遗传指令，以引导生物发育与生命机能运作。主要功能是长期性的资讯储存，可比喻为"蓝图"或"食谱"。其中包含的指令，是建构细胞内其他的化合物，如蛋白质与

RNA 所需。带有遗传讯息的 DNA 片段称为基因，其他的 DNA 序列，有些直接以自身构造发挥作用，有些则参与调控遗传讯息的表现。DNA 检测是在核酸水平上的检测，常见的方法有 PCR、基因芯片等等。

地球上的极端微生物之谜

我们所在的地球，是不是宇宙中唯一的生命摇篮？宇宙中其他星球上是否还存在着别的生命乃至智慧生命？

诸如此类的问题，始终困扰着我们这些素有强烈好奇心的地球人。人们过去一直认为，地球上生命的爆发主要是由地球在太阳系中所处的独特位置决定的，由于地球距太阳的距离使它既能从太阳上吸收足够的能量和热量，同时又不至于像水星或金星那样成为生命无法生存的炽热的星球。因此我们总是认为，除地球之外，在恶劣的外星环境中，是不大可能存在生命的。然而当今在地球上发现的一些特殊生命形式，已经或者正在改变着我们的固有看法。

在我们地球上的一些生命禁区，存在着其他一些异常生命形式：这些生命几乎都是微生物，正由于它们生活环境的异常恶劣，科学家们对它们的存在不能不大感惊愕。

与火星、月球恶劣的生存环境相比，这些微生物所处的生存环境并不优越。可奇怪的是，它们已经与这种环境相依存并构成了和谐，一旦它们离开这些极端环境反而不能生存。这类微生物被生物学家称为极端微生物。科学家们更为惊奇的是，在我们所处的地球上，几乎在各种极端环境中都可以发现这类微生物的踪影。

譬如，自然界中有许多高温环境，在这些高温环境中生活着许多嗜热微生物。如在俄罗斯堪察加地区的温泉里（水温 57℃～90℃）存在着一种嗜热细菌——红色栖热菌；在冰岛，也有一种细菌可在 98℃ 的温泉中生长和繁殖；在美国怀俄明州黄石国家公园内的热泉中，一种叫热溶芽孢杆菌的细菌可在 92℃～93℃ 的温度（该地水的沸点）下生长，另外该细菌在试验室条件下还可在 100℃～105℃ 下生长。据了解，在人们习以为常的环境中，现在还没有发现多细胞的动物或植物可耐受 50℃ 的温度。

自然界中还有诸如冰川、深海等各种低温环境，其中也生存着大量微生物。科学家们近年就在南极的一个冰湖中发现了微生物，该冰湖的温度远远低于冰点。

地球上的高压环境是很多见的，在浩瀚的大洋深处以及地下深层油井，就是高压环境。然而就在这些环境中也发现了不少微生物。例如一种生活在深海的假单饱菌可在 101325 千帕、3℃的环境下生长；另外在 1 万米的深海，水压高达 115510 千帕处仍发现有微生物。据报道，有些细菌甚至可在 141855 千帕下正常生长。

冰 岛

世界上最耐盐的植物是盐角草，它能耐 0.5% ~ 6.5% 的盐度，而某些嗜盐细菌却大大超过这一极限。例如在著名的死海，海水盐浓度高达 23% ~ 26%，那里几乎没有动植物生长，但少数几种细菌和藻类却能很好地生存其中。另外，现在发现的某些嗜盐菌还可在 32% 的饱和盐水中生长。

强辐射环境是很可怕的，辐射分非电离辐射（包括紫外线、可见光和红外线）和电离辐射（包括 X 射线、γ 射线和宇宙射线）。自然界中广泛分布着抗各种辐射的微生物。不仅是微生物，在加勒比海西印度群岛的马提尼克岛，在乌克兰切尔诺贝利核电站 1000 多平方米的核废墟中，青蛙因受辐射而变成了硕大的牛蛙，老鼠因受辐射而变成了獾和狸一样硕大的野鼠。

另外，在贫营养环境中，在某些有机碳浓度不足 1 毫克/升的环境下，照样也有微生物生存。

种种实证表明，我们这些地球人直到今天还对这些特殊生命形式的机理不甚明了，所有的还只是一些初步的认识。对人类来说，这些生命形式的存在有着异乎寻常的意义，它说明了生物的存在或许并不需要什么特定环境。

它们的存在同时也给人类以重要启示，我们足可以借此推测在火星、月球等宇宙环境中也存在着生命。现在，许多科学家都持这样的观点，即只要水保持液态，就有发生生命的可能。

在极端环境中发现的这些生命有力地支持了地球外存在生命的观点，同时也大大增强了地球人寻找地球外生命的信心。现代研究显示。水并非宇宙中的稀有之物，火星表面就曾经是一片汪洋，即使现在它的大气中也存在极微量的水蒸气；木星卫星巨大冰层下亦流淌着大量液态水；最近在月球也发现了水的踪影。因此，许多科学家认为：我们很可能在其他行星，甚至行星的卫星或小行星上发现某些生命，尤其是微生物。

→ 知识点

电离辐射

电离辐射是指波长短、频率高、能量高的射线。电离辐射可以从原子或分子里面电离出至少一个电子。电离辐射种类很多，高速带电粒子有 α 粒子、β 粒子、质子，不带电粒子有中子以及 X 射线、γ 射线。电离辐射存在于自然界，但目前人工辐射已遍及各个领域，专门从事生产、使用及研究电离辐射工作的，称为放射工作人员。与放射有关的职业有：核工业系统的核原料勘探、开采、冶炼与精加工，核燃料及反应堆的生产、使用及研究；农业的照射培育新品种，蔬菜水果保鲜，粮食贮存；医药的 X 射线透视、照相诊断、放射性核素对人体脏器测定，对肿瘤的照射治疗等；工业部门的各种加速器、射线发生器及电子显微镜、电子速焊机、彩电显像管、高压电子管等。

延伸阅读

比黄金贵万倍的紫膜

紫膜，就是紫色的膜，是生长在极端嗜盐菌原生质膜上的一种物质，含有与视觉中的视紫红质相类似的蛋白质，在国际市场上的价格相当于黄金的1万倍。紫膜在嗜盐菌原生质膜上以碎片形式存在，直径大约为 0.5 微米，厚度 5 纳米，它与原生质膜上其余部分红膜共面。碎片中的唯一蛋白质细菌视紫红质以三体形式二维六角形晶格排列在天然紫膜中，蛋白占紫膜干重的75%，其余 25% 为类脂。晶格尺寸为 14 纳米，两个蛋白质中心距离约 1.5 纳米，每个碎片有 10 万个细菌视紫红质分子。每个细菌视紫红质分子由 248 个氨基酸残基的肽链组成，其分子量为 26000。该肽链在空间卷曲折叠形成 7条跨膜螺旋柱，N 端在细胞膜外侧，C 端在细胞膜内侧，螺旋柱基本垂直于细胞膜。每个细菌视紫红质结合成一个生色团视黄醛，位于 216 位的赖氨酸上，处于靠近肽链 C 端细胞膜内侧。目前，世界上有大批研究人员从事于紫膜的研究工作，一旦有所突破，将会带来革命性的变化。

尼斯湖水怪寻踪

尼斯湖位于英国著名的苏格兰大峡谷中，它深约 210～293 米，可以称得上苏格兰最深的淡水湖，它的全长为 39 千米，平均宽度为 1.6 千米，最宽处也不过 2.8 千米。它的四周长满了郁郁葱葱的树木。关于"尼西"的传说更使尼斯湖凭添魅力，每年都吸引着成千上万的游客。

最早目击"尼西"的事件发生在 1802 年秋，一个名叫亚历山大·麦克唐纳的农民，在尼斯湖边突然看见一只巨大的怪兽露出水面，用短而粗的鳍脚划水，距他只有 45 米。

而最早将目睹"尼西"的经历付诸于报刊的是约翰·麦凯夫妇，那是 1933 年，《长披风信使报》载，他们亲眼目睹"一只巨兽在尼斯湖中昂首嬉水。"

尼斯湖水怪（电影图片）

1934 年，伦敦的威尔逊医生拍摄了有史以来第一张"尼西"照片，尽管照片中仅有一个伸长脖子的小脑袋怪物，但它毕竟是证实"尼西"存在的第一份资料。

1936 年有人拍摄了纪录"尼西"的第一部影片。

迄今为止，探索"尼西"踪迹取得最出色成果的是美国应用科学院赖恩斯和英国科学家斯科特领导的"尼西搜索小组"。他们于 1972 年在湖中放置了微音器控制的照相机，拍到了一个长约 2 米、呈扁平菱形的鳍——可能是"尼西"的脚。后来又将每隔 72 秒自动拍摄一次的照相机沉入湖中进行监视，于 1975 年 6 月 20 日凌晨 4 时 32 分，相机的第 726 张照片成功地摄下了"尼西"的全身照，然而第 727 张照片上，却什么也没有。

据有关部门统计，到目前为止，亲眼目睹过怪兽"尼西"的人已逾三千。

根据人们的描述及照片资料显示，"尼西"的形状是：又细又长的脖子，三角形的小脑袋，背部有驼峰，体长 15～20 米，全身黑色，行动迅速，活像一只翻倒的小船。

然而，"尼西"究竟是一种什么动物？对此人们却众说纷纭。

一些科学家认为，"尼西"很可能是出现在 1.8 亿年前到 6 千万年前就灭绝了的古代爬行动物——蛇颈龙的后裔。远古时代尼斯湖与海洋相连，由于大陆的漂移，尼斯湖在最后一次冰河时期结束后，与大洋隔开，进入尼斯湖的蛇颈龙被封在环境幽静、食物丰富、缺少天敌的湖中，因而幸存下来并繁衍至今。威远中国上龙化石的发现，空棘鱼类、大熊猫等"活化石"的存在，土生土长的尼斯湖底栖鱼的发现等等，都从不同的角度佐证了上述观点。

然而反对上述观点的也大有人在。1982 年，英国自然历史博物馆的哺乳动物学家莫里斯·伯顿对尼斯湖怪物提出了质疑。他在《新科学家》杂志上撰文，认为尼斯湖怪兽是人们对正常事物产生错觉的结果。他说，在水中游嬉的水獭极有可能被人看花了眼，而以为是另一种怪物。1983 年，罗纳德·宾斯出版了《尼斯湖之谜解答》一书，试用人们对水獭、鸟、鹿等动物的幻觉和误会来解释人们在湖中所见到的怪物。1984 年，苏格兰的斯图尔特·坎贝尔也发表文章，认为轰动一时的 1934 年照片是一场骗局，照片上不过是一只水獭。

最近，英国《新科学家》杂志上发表了苏格兰电子工程师罗伯特·克雷格的文章，他认为尼斯湖根本没有什么怪兽，人们所看到的不过是浮在湖中的古代欧洲的赤松树干。其依据是，在苏格兰五百多个湖中，只有泰湖、莫拉尔湖和尼斯湖中发现过水怪，而这三个湖的四周都长满了赤松树。他认为，大约是在冰河时期快要结束时，古老的欧洲赤松树沉入湖底，树干的一部分为泥沙所覆盖。由于湖水极深，压力很大，不断压迫着树干的表皮、软木层和形成层，使树干内的树脂排出来，在树干外表形成了一层坚固的外壳。外壳既防水又防腐。在此之前，树脂把渗入树干里的水分密封起来，在压力作用下树干里产生气体。这种气体不断膨胀，树脂继续外流，这样在树干外就形成一些凸起物。凸起物里充满了小气泡。这种进程不断地循环往复，凸起物终于变成了一种"浮箱"。于是长久沉睡于湖底的树干就浮到湖面。由于湖面压力小，树干往往会以极快的速度窜出水面，看起来就令人吃惊了。当树干通过凸起物释放出一些气体和化学物质后，便又沉入湖底。由于树干呈菱形，因而看起来像生活在泥沙中的动物；又因其细长，故看起来像根电线杆。目击者看见这种时浮时沉、奇形怪状的东西，就以为是某种怪兽。"尼西"就这样来到了自然界，引起好奇人们的极大兴趣。

然而事情并非如此简单。1986年夏天，由100多名科学考察人员组成的尼斯湖科学考察队，经过4个多月的实地调查，否定了上述解释。该考察队利用超声波定位仪对湖底进行搜索，发现在水深68～114米之间的深处有个大型的动物在活动。科学家们认为，在这样深处，一般不会有大型的淡水鱼。考察队还利用水下声呐装置记录下水下动物发出的声音。他们发现，已记录下的声音中有种未知动物发出的声音。据此，考察队推测尼斯湖内有大型动物待查，并认为"怪兽是沉入湖底的古树，后受积累在内部的气体的压力而浮升到湖面上"的说法，是难以成立的。

从有人第一次目击"尼西"到现今，已有190年的历史。尽管人们锲而不舍地探寻"尼西"的踪迹，但除了拍到一些照片和收集到有关资料外，仍然没有获得一点实物证据。于是有的科学家开始训练海豚，寄希望于训练本领极高的海豚来揭开尼斯湖的千古奇谜。

总之，尼斯湖究竟有没有水怪？是什么样的水怪？为什么尼斯湖有水怪？这还是有待探索的谜。

知识点

英国自然历史博物馆

英国自然历史博物馆位于伦敦市中心西南部、海德公园旁边的南肯辛顿区。博物馆总建筑面积为 4 万多平方米，馆内大约藏有世界各地的 7000 万件标本，其中昆虫标本有 2800 万件。为欧洲最大的自然历史博物馆。原为 1753 年创建的不列颠博物馆的一部分，1881 年由总馆分出，1963 年正式独立。为维多利亚式建筑，形似中世纪大教堂。全馆有 20 间大陈列厅，内容包括古生物、矿物、植物、动物、生态和人类等六个方面。中央大厅为现代生命科学陈列厅，用立体景观、展柜介绍进化论和人类学知识。

延伸阅读

尚普兰湖怪兽

尚普兰湖位于纽约州和佛蒙特州交界处，2006 年 2 月 22 日，美国广播公司在节目"早安美国"中独家播放了一段录像，录像中显示的是尚普兰湖面下有什么"东西"在涌动。有人猜测这很有可能是传说中的怪兽。这段录像是由佛蒙特人迪克·阿佛尔特和他的继子皮特·伯迪特于 2005 年夏天在尚普兰湖钓鱼时拍下的。美国广播公司请教了两位前联邦调查局图像分析专家，他们在对画面分析后表示，录像是真实的。

在此之前，有许多目击者宣称看见了传说中的"尚普兰湖怪兽"。据说，"尚普兰湖怪兽"如同变色龙，皮肤能变成黑色、灰色、褐色、苔绿色、红铜色及其他颜色，背上长有多个类似驼峰的隆起或盘卷，头上长着角和鬃毛，眼睛闪闪发光。

但有关专家认为尚普兰湖根本就没有什么湖怪，目击者看到的只是鲟鱼等一些体型庞大的鱼类或其他水生动物。比如，游泳时一字排开的水獭，从远处看上去，它们游动起来就如同一个蜿蜒前进的怪物，不时泛起水波。

淡水湖中为何生活海洋生物

人们始终不明白，贝加尔湖的湖水一点也不咸，为什么会生活着如此众多地地道道的"海洋生物"呢？

贝加尔湖是亚欧大陆上最大的淡水湖，也是世界上最深和蓄水量最大的湖。

沿着宽阔的柏油路从伊尔库茨克弯弯曲曲地穿过丘陵，古老的乡村，现代的建筑物，在不远处展现出宽阔的安加拉河，突然，目之所及，惊讶之余，你可发现一大片平静、蔚蓝的水面，这便是西伯利亚的珍珠——贝加尔湖。

在我国古书上，这里称为"北海"，是我国古代北方少数民族的主要活动地区，汉代苏武牧羊的故事即发生在此处。

"贝加尔"一词源于布里亚特语，意为"天然之海"。它狭长弯曲，宛如一轮明月镶嵌在西伯利亚南缘。长636千米，相当于从莫斯科到圣彼得堡之间的距离，平均宽48千米，最宽处79.4千米，面积达31500平方千米。

贝加尔湖湖水源于色棱格河等大大小小336条河流，来水极端丰富。湖水由安加拉河流出，河水十分湍急，湖水从其宽阔的石子河床上迅疾流逝，一路向北奔向叶尼塞河，最终汇入北冰洋。

贝加尔湖湖中有岛屿27个，最大的是奥利洪岛，面积约730平方千米。湖水结冰期长达5个多月，湖滨夏季气温比周围地区约低6℃，冬季约高11℃，具有海洋性气候特征。

贝加尔湖湖水澄澈清冽，且稳定透明（透明度达40.8米），为世界第二。总蓄水量为23600立方米，相当于北美洲五大湖蓄水量的总和，约占全球淡水湖总蓄水量的1/5。

贝加尔湖是世界上最古老的湖泊。湖底为沉积岩，第四纪初的造山运动形成了该湖周围的山脉，湖区地貌基本形成的时间迄今约2500万年。贝加尔湖下面存在着巨大的地热异常带，火山与地震频频发生。据统计湖区每年约发生大小地震2000次。

贝加尔湖四周群山环抱，溪涧错落，原始林带苍翠、风景绮丽，伟大的俄罗斯作家契柯夫写道："贝加尔湖异常美丽，难怪西伯利亚人不称它为湖，而称之为海。湖水清澈透明，透过水面像透过空气一样，一切都历历在目。温柔碧绿的水色令人赏心悦目。岸上群山连绵，森林覆盖。"这的确是贝加尔湖的赞歌。

贝加尔湖

贝加尔湖还有许多未解之谜。例如，湖水一点不咸，也就是说它与海洋不相通，但却生活着地地道道的海洋生物。海豹、海螺、海鱼和龙虾。

又如贝加尔湖里长有热带生物，像贝加尔湖藓虫类动物，其近亲就生活在印度的湖泊里，贝加尔湖水蛭在我国南方淡水湖里才能见到，贝加尔湖蛤子，只生存在巴尔干半岛的奥克里德湖。

可是，人们始终不明白，贝加尔湖为什么会生活着如此众多的"海洋生物"呢？对此，科学家们做了种种推测。

最初的时候，一些科学家认为，地质史上贝加尔湖是和大海相连的，海洋生物是从古代的海洋进入贝加尔湖的。苏联科学家维列夏金认为，这是地壳变动的结果。他根据古生物和地质方面的材料推测，中生代侏罗纪时的贝加尔湖以东地区，曾有过一个浩瀚的外贝加尔海。后来由于地壳变动，留下了内陆湖泊——贝加尔湖。随着雨水、河水的不断加入，咸水变淡，而现在的"海洋生物"就是当时海退时遗留下来的。

20世纪50年代初期，人们在贝加尔湖附近打了几口很深的钻井。但从取上来的岩芯样品中，人们没有发现任何关于中生代的东西。也有一些材料证明，没有中生代的沉积层，只有新生代的沉积岩层。贝加尔湖地区长时间以来一直是陆地。贝加尔湖是在地壳断裂活动中形成的断层湖，从而否定了湖中海洋生物是海退遗种的说法。

那么，湖中的"海洋生物"到底从何而来呢？它们又是怎样进入湖中的呢？目前科学界的两种说法虽然都不是定论，但是你认为哪一种更为合理呢？无论如何，我们始终相信，随着科学技术的不断发展和人们对自然认识的不断深入，这个谜团终将会得到圆满答案。

知识点

侏罗纪

侏罗纪是一个地质时代，介于三叠纪和白垩纪之间，约1.9960亿年前（误差值为60万年）到1.4550亿年前（误差值为400万年）。侏罗纪是中生代的第二个纪，开始于三叠纪—侏罗纪灭绝事件。侏罗纪的名称取自于德国、法国、瑞士边界的侏罗山。超级陆块盘古大陆此时真正开始分裂，大陆地壳上的缝生成了大西洋，非洲开始从南美洲裂开，而印度则准备移向亚洲。

这一时期恐龙成为陆地的统治者，翼龙类和鸟类出现，哺乳动物开始发展。陆生的裸子植物发展到极盛期。淡水无脊椎动物的双壳类、腹足类、叶肢介、介形虫及昆虫迅速发展。海生的菊石、双壳类、箭石仍为重要成员，六射珊瑚从三叠纪到侏罗纪的变化很小。棘皮动物的海胆自侏罗纪开始占据了重要地位。

延伸阅读

断层湖

断层陷落，积水聚集形成的湖泊，是构造湖的一种类型。如中国云南昆明的滇池、四川的邛海、青海的青海湖、内蒙古的呼伦池、昆明阳宗海、抚仙湖、杞麓湖和内蒙古的岱海等，以及东非大断裂带中的湖群，都是断层湖。

其特点是：湖岸平直而狭长，岸坡陡峻，深度较大，分布具有一定的规律性，多沿着和断层线一致的方向延伸。大的断裂可形成断层湖带。

世界上最深的断层湖是俄罗斯的贝加尔湖，深达 1620 米。

新西兰海域的水怪之谜

1977 年 4 月，日本一艘远洋渔船，在新西兰海域附近捕鱼。当船员们把沉到海下 300 米左右的网拉上来时，一只意想不到的庞然大物的尸体"呼"的一下和网一起被拉了上来。由于被网套着，看不清它的全貌，于是，船员们把绳索拴在怪物尸体的中部，用起重机把它吊了起来。尸体散发出一股强烈的腐臭气味，尸体上的脂肪和一小部分肌肉拉着长长的黏丝掉在甲板上。船上一片骚动，在船上的人可以很清楚地看到，这是他们从没见过的"怪物"尸体，它既不像是鱼类，也不像是海龟。即使是在海上捕鱼多年、见多识广的老船员也无法辨别这东西到底是什么。

新西兰海域

显然这个怪物已经死了很长时间了，皮肤组织已剥离，尸体已经开始腐烂，但是整个骨架却保存得很完整，可以大致看出它有一个长长的脖子，小小的脑袋，很大很大的肚子（腹部已空，五脏全无），而且长着 4 个鳍状的肢体……

后来船员测了一下，这个怪物身长大约 10 米，其中颈长 1.5 米，尾部长 2 米，重约 2 吨，他们估计这个怪物已死去一个月（事后经研究分析，认为已死半年到一年之久）。

船上的人非常惊奇，议论纷纷："这和尼斯湖里的蛇颈龙不是一样吗？""是尼斯湖的怪兽吧？"

闻讯赶来的船长见大家在欣赏一具腐臭的尸体，大发雷霆，他担心自己船舱里的鱼受到损失，命令船员们立即把它丢到海里去。幸好，随船有个叫矢野道彦生的船员，觉得这个发现不寻常，在怪物的尸体被抛下大海之前，他拍摄了几张照片，画了几张素描，并做了相关数据记录。

这个消息直到 7 月 20 日才在日本公布，顿时轰动全国，尤其是动物学家、古生物学家们更是无比兴奋。他们对照片进行了分析，纷纷发表看法："这不像是鱼类，一定是非常珍贵的动物。""非常惊人呀！这不次于发现矛尾鱼那样世纪性的大发现。"

有的报刊以"本世纪最大的发现——活着的蛇颈龙"为题，详细报道了这一发现。很快，消息传遍了全世界，各国报刊都竞相转载了这一报道，并配上了照片。这件事引起了各国生物学家的极大兴趣和关注。

人们非常遗憾，认为不该把怪物的尸体抛回大海。这件事还引发了对那名船长强烈的谴责，尤其是日本的一些生物学家，更是对船长的举动气得"咬牙切齿"、"怒发冲冠"，他们指责船长"无知、愚蠢"。

日本生物学权威鹿间时夫教授说："怎么也不该扔掉这么珍贵的东西，看来日本的教育太差了，才会发生这样的事。为了 2 亿日元的商品，竟然把国宝扔掉，简直是国际上的大笑话。"

尽管大洋渔业公司立刻命令在新西兰海域的所有渔船，奔赴现场，重新捕捞怪兽尸体，甚至包括苏联和美国在内的一些国家的船只，也闻讯赶往现场进行捕捞。但此时已与丢弃怪物之日相隔了整整三个月的时间。虽然各国想尽了办法寻找那个怪物的尸体，然而时隔这么久，要在茫茫的大海里找到它，可是名副其实的大海捞针了。

值得庆幸的是，这次发现总算给生物学家们留下了三件证据：一是怪物的四张彩色照片，二是四五十根怪物的鳍须，三是矢野道彦生在现场画的怪物骨骼草图。

1. 照片：其中有两张是刚把鱼网拖上甲板时拍的，还有两张是起重机把怪物吊起来时拍的，一张从侧面，一张从背面。可以清楚地看到，这个怪物有一个硕大的脊背，对称地长着4个鳍。照片中还可看到，它的内脏已经没有了，整个身躯肌肉完整，只是头部露出白骨，白色的脂肪下面有着赤红的肌肉。从个头大小来看，海洋里只有鲸鱼、巨鲨、大乌贼可以与它相比。但从照片来看，它的头部很小，而颈部很长，特别是有4个对称的大鳍，这就没有任何鱼类或海洋生物可以与它相提并论了。

2. 鳍须：这是怪物身上唯一留下的贵重物证。它是怪兽鳍端的须状角质物，呈米黄色的透明胶状，尖端分成更细的3股，很像人参的根须。

3. 骨骼草图：草图左上方写着："10点40分吊起，为尼西（尼斯湖里的怪兽）拍了照片。"

矢野根据现场的观察和测量，画下了这幅草图。怪兽骨骼长约10米，头和颈部长约2米，其中头部45厘米，颈的骨骼粗20厘米，尾部长2米，尾根粗12厘米，尾端部粗3厘米，身体部分长约6.05米。据他说，骨骼属软骨。

虽然这些记录和证据非常宝贵，成为科学家们对这个怪物研究、鉴定和探讨的依据，但是要依靠它们来确定怪兽究竟属于哪一种生物，还缺少根本性的依据。

因为没有实物，无法与已知的各种动物和古生物骨骼化石做比较，也就无法对比鉴定。所以日本的生物学家们说："哪怕带回一颗小小的牙齿也好呀!"然而，事已至此，只能空嗟叹了。

那么这个怪物到底是什么呢？科学家们至今对此还争论不休，众说纷纭。

从1977年报道这一消息后，这场争论大体上经历了这样一个过程：蛇颈龙说——鲨鱼说——爬虫类动物说——不认识动物说。

在此简要叙述一下各派假说的论据：

1. 蛇颈龙说

最初，有人认为是鲸鱼、鲨鱼，也有人说是海豹、海龟。但是这几种猜测，依照留下的3个证据都被一一否定了：鲸鱼的颈骨比怪物短；鲨鱼的脂肪藏在肝脏里，而怪物则在表层；最大的海豹长5~6米，最大的海龟长2米，都比这个10米长的怪物要小得多，并且骨骼也不同。

于是人们怀疑它是蛇颈龙。其中一个主要的依据是蛇颈龙有和它一样长的颈。许多学者欣喜地宣布：它是"活着的蛇颈龙"。

日本横滨国立大学的鹿间时夫教授认为："从照片上看，它仅限于爬行类，然而可以考虑太古时代存活过的蛇颈龙，我们可能发现了名副其实的活着的化石。"

日本国立科学博物馆古生物第三研究室小岛郁生也说："从照片看来，这个'怪物'好像是蛇颈龙后裔。蛇颈龙有两种，一种是头小颈长，一种是头稍大颈短。这似乎是颈短的一种……"

法国自然博物馆副馆长包雪女士以及几位新西兰生物学家都同意这种说法。

的确，怪物与蛇颈龙有着极其相似的地方。人们以"怪物"骨骼图与蛇颈龙的化石做了比较，无论是整个骨架结构，或者局部的鳍、尾、颈，两者都很相似。当然矢野的怪物骨骼图是根据他的目测来画的，并不一定完全准确，但从很大程度上成为支持蛇颈龙说的重要根据。

2. 鲨鱼说

但是不久，东京水产大学对怪物的须条进行了蛋白质分析，发现它的成分酷似鲨鱼的鳍须。一时间，"巨鲨"、"一种未见过的鲨鱼"的说法又充满了报纸。此时，英、美一些国家的生物学家也偏向这一观点。

英国伦敦自然史博物馆的奥韦恩·惠勒说："这个东西大概是鲨鱼。以前在世界各地曾发现许多别的怪物，结果弄清楚后，都是死鲨鱼。鲨鱼是一类软骨鱼，它们没有硬骨架。当鲨鱼死后，尸体逐渐腐烂时，头部和鳃部先从躯体脱落，这样就形成一个细长的'颈'，末端像个小小的头。许多日本渔民，甚至更为内行的人都被怪物那类似蛇颈龙的形状所愚弄了……"

这种说法似乎很有道理，一时间许多持有蛇颈龙说法的人也都放弃了自己原来的主张。"怪物是鲨鱼"仿佛已成定论。

但是，经过再次测试鳍须条，又不能肯定它是鲨鱼了，加上一部分学者坚持爬虫说，鲨鱼说又开始动摇。

的确，根据科学家和日本记者的现场调查，有人提出了种种否定它是鲨鱼的根据：

其一，鲨鱼的肉是白的，而怪物的肉则是赤红的。

其二，当船员们把它捞上来时，现场没有一个人认为它是鲨鱼，为什么呢？原来，鲨鱼没有排尿器，体内积蓄的尿是利用海水的浸透压力，从全身排出的。因此，鲨鱼的肉有一种尿臭味，有经验的渔民都会闻出来。船上的渔民们正是由于这一点而否定了它是鲨鱼。

其三，如果真是鲨鱼，那么具有软骨架的鲨鱼，在死了半年之后，是绝对不会被起重机吊起来的。因为鲨鱼的软骨架绝对经受不住大约两吨的自重。这是否定鲨鱼说的一个重要论据。

其四，怪物有较厚的脂肪层，包裹在全身的肌肉上，而鲨鱼只在肝脏里才有脂肪。

于是，从鲨鱼说又转到爬虫动物说。证明怪物可能是爬虫动物还有一个重要的论据，即怪物的头部呈三角形，这是爬虫动物独具的特点。

1977 年 9 月 1 日和 19 日，在东京召开了两次有关怪物身份问题的学术讨论会。参加会议的人有鱼类、化石类、鲸鱼类、古生物学、比较解剖学、生物化学、血清研究等方面的学者共 19 人。他们研究了"怪物"的照片、草图和鳍须的组织切片，进行了认真的讨论，写了 9 篇论文。

综合两次座谈会的讨论意见，会议主持人、东京水产大学校长佐木忠义于同年 12 月 15 日下午向报界发表了座谈会的结论：

1. 从怪物鳍须条的化学成分来看，它不是鲨鱼；

2. 从怪物的两对腹鳍、长身体、长尾巴以及身体表面都是脂肪等特点来看，是和迄今已知的鱼类完全不同的一种动物；

3. 在分类学上，很可能是一种人类未认识的动物（海栖爬虫类）。

现在，人们都盼望在南纬 43°53′，东经 173°48′曾经打捞上怪物尸体的地方，有一天会再现"怪物"的踪影。或许它正是人们所期待的史前爬行动物。

可是只要没有真正找到水怪，这个谜底就不能被揭开。直到现在，人们对于水怪是否存在仍然争论不休。

正如英国作家齐斯特说："许多嫌疑犯的犯罪证据，比尼斯湖水怪存在的证据还少，但最后也都被绞死了。"

这真是对神奇而又微妙的尼斯湖水怪之谜一个非常幽默的评价。

知识点

蛇颈龙

蛇颈龙是海中爬行类的一种，海中爬行类包括了海洋鳄鱼和鱼龙。它们由陆上生物演化而来，再回到海洋中生活。它们必须生活在干净的水域中，主要以食用鱼类为生。蛇颈龙属于爬行纲的调孔亚纲，是一类适应浅水环境中生活的类群，从三叠纪晚期开始出现，到侏罗纪已遍布世界各地，是白垩纪末灭绝的。蛇颈龙是已灭绝的蛇颈龙属海生爬行类的统称。个体较大，且长颈，因以得名。蛇颈龙类与鱼龙类一起统治着中生代的海洋。

延伸阅读

奇怪的"钱"形图案

在日本明海海滩上，人们发现了一个巨大的"钱"形图案。它酷似中国古代钱币的造型及图案中清晰可认的字体。这个具有立体感的图案，是掘沙筑成的。在海滩上行走亲临它时人们根本不会觉得这是一个图案，而会误认为是一道道沙沟。但当登上岸边的山丘后向下俯视，就会惊奇地发现沙沟展示的竟是一个巨大的"钱"形图案。在这里你可以看到这个"钱"形图案的构图和中国古代的铜钱极其相似。在这个圆圆的沙圈中心有个四方形的孔，在这方孔的四边有"宽永通宝"4个大字。这个"钱"形图案究竟能有多大呢？人们进行了实地测量。这一测量使人们又发现了新的问题，这个图案并非是绝对的圆形，而是周长为354米、东西长122米、南北宽90米的椭圆形。

这个"钱"形图案究竟是些什么人、出于什么动机、在什么时间创造出来的？它为什么能够在大海的波涛下长存而没有消失？一连串的疑问仍然困扰着人们。

美人鱼之谜

早在 2300 多年前，在《古代历史》一书中，巴比伦的史学家巴罗索斯就有关于美人鱼的记载。

17 世纪，在英国伦敦出版的《赫特生航海日记》里，也有美人鱼的记录，譬如：

美人鱼露出海面上的背和胸像一个女人。它的身体与一般人差不多，皮肤很白，背上披着长长的黑发。它潜下水去的时候，人们还看到了它和海豚相似的尾巴，尾巴上还有像鲭鱼一样的许多斑点。

在中国，古史书上也不乏美人鱼的记载。宋代的《祖异记》中就对美人鱼的形态作了详细的描述：宋太宗时，有一个叫查道的人出使高丽（今朝鲜）。看见海面上有一个"妇人"出现，"红裳双袒，髻发纷乱，腮后微露红鬣。命扶于水中，拜手感恋而没，乃人鱼也。"此外，在宋代学者徐铉的《稽神录》中，也记载有类似的美人鱼。

到了 18 世纪中叶，英国伦敦曾经举办过轰动一时的美人鱼标本展览。随后，美国纽约也举办过同样的展览，再次引起轰动。不过事后，经有关科学家查验，那个脱颖而出的"菲吉美人鱼"标本是猴子和鱼的结合。

这一事实让人们大倒胃口。于是，人们对美人鱼的存在表示怀疑。在《挪威自然史》中，挪威生物学家埃利克·蓬托皮甚至入木三分地告诫人们："他们赋予美人鱼优美的嗓音，告诉人们她是杰出的歌手。显然，稍有头脑的人绝不会对这一奇谈怪论感兴趣，甚至会怀疑这种生物存在的可能性。"

然而，在俄罗斯科学院工作的维葛雷德博士又透露了一个惊人的秘密，使得人们有些茫然不知所措。

据维葛雷德博士透露：1962 年，一艘苏联的货船在古巴外海神秘沉没。由于船上载有核导弹，苏联急忙派出探测舰前去搜寻沉船，试图捞回核导弹。

当探测舰来到沉船海域，维葛雷德博士和科学家们立即利用水下摄影机巡回扫描海底。突然，有一个奇异的怪物闯入镜头：它像一条鱼，又像一个在水底浅泳的小孩，头部有鳃，周身裹着密密的鳞片。只见它用乌黑淘气的小眼睛好奇地望着摄影机……

为了捕捉这头怪物，科学家们把用来捕捉海底生物的实验水槽沉放在摄影机视场内的海床上。不久，它竟钻进水槽攫取鱼食，舰上的工作人员迅速把水槽吊上舰。终于，水槽的门被打开了。只听得一阵犹如海豹的悲鸣从里面传来，接着一只绿色的小手从槽内伸出来，顷刻之后，人们把小怪物从水槽里拉出来，这才清晰地看见，它是一条长 0.6 米的人鱼宝宝：头部有一道骨冠，全身披满鳞片，用一双惶恐的小眼睛瞪视着周围的人们。科学家们坚信它就是人们一直执著寻找的美人鱼。

维葛雷德博士的话让那些热衷于探索美人鱼的人们激动不已，也给科学家们增添了信心。为此，许多海洋生物学家、动物学家和人类学家重新投入研究美人鱼的工作之中，并在生物学上做出许多假设。

挪威华西尼亚大学的人类学家莱尔·华格纳博士认为美人鱼这种动物确实存在，他说："无论是记载还是现代目击者的描绘，美人鱼都有共同特征，即头和上身像人，而下半身则有一条像海豚那样的尾巴。"此外，据新几内亚有关人士描述，美人鱼和人类最相似之处就是它们也有很多头发，肌肤十分嫩滑，雌性的乳房和人类女性一样，并抱着小人鱼喂乳。与此同时，英国海洋生物学家安利斯汀·爱特博士则认为："美人鱼可能是类人猿的另一变种，婴儿出生前生活于羊水之中，一出生就可以游在水里。因此，一种可以在水中生存的类人猿动物存在并不是一件十分奇怪的事。"在美国，也有部分学者赞同爱特博士的这一说法，认为这是目前尚未报道的"海底人"的一种。

中国的一些生物学家则认为，传说中的美人鱼可能就是一种名叫"儒艮"的海洋哺乳动物。20 世纪 70 年代初，我国南海的渔民曾多次发现"美人鱼"。1975 年，有关科研单位深入渔村，并在渔民的帮助下捕到罕见的"儒艮"。由于它仍旧用肺呼吸，所以每隔十几分钟就要浮出水面换气。它背上有稀少的长毛，生物学家则认为，这些长毛极易使目击者错认为头发。

生物学家们还发现，儒艮胎生幼子，并以乳汁哺育之。哺乳时用前肢拥抱幼子，母体的头和胸部则露出水面，以避免幼子吸吮时呛水。传说中美人鱼抱仔的镜头，大概出于这种情景。

考虑到儒艮时时出水换气特性和维葛雷德博士的"深海发现美人鱼"有矛盾，因而，海洋中究竟有没有美人鱼？或者它真的是一种"海底人"——

儒　艮

"儒艮"？正如神秘莫测的大海一样，形形色色的说法令人有扑朔迷离之感。相信终有一天，人们会清晰地辨认出，它究竟属于谁？

知识点

儒　艮

儒艮的身体呈纺锤型，长约3米，体重300～500千克。全身有稀疏的短细体毛。头部较小，上嘴唇似马蹄形，吻端突出有刚毛，两个近似圆形的呼吸孔并列於头顶前端；无外耳郭，耳孔位于眼后，没有明显的颈部。无背鳍，鳍肢为椭圆形。尾鳍宽大，左右两侧扁平对称，后缘为叉形，无缺刻。鳍肢的下方具一对乳房。背部以深灰色为主，腹部稍淡。

儒艮为海生草食性兽类。其分布与水温、海流以及作为主要食物的海草分布有密切关系。多在距海岸20米左右的海草丛中出没，有时随潮水进入河口，取食后又随退潮回到海中，很少游向外海。以2～3头的家族群活动，在隐蔽条件良好的海草区底部生活，定期浮出水面呼吸。常被认作"美人鱼"浮出水面，给人们留下了很多美丽的传说。

延伸阅读

小美人鱼铜像

小美人鱼铜像位于丹麦哥本哈根市中心东北部的长堤公园，铜像高约1.5米，基石直径约1.8米。远望这个人身鱼尾的美人鱼，她坐在一块巨大的花岗石上，恬静娴雅、悠闲自得；走近这座铜像，您看到的却是一个神情忧郁、冥思苦想的少女。

铜像始建于1913年，是由新嘉士伯啤酒公司的创始人卡尔·雅格布森出资建造的。据说他在皇家剧院观看首演的芭蕾舞剧《海的女儿》后，深受感动，产生了要为美人鱼制作一座铜像的设想，于是他就找到雕塑家艾瑞克森。艾瑞克森从芭蕾舞剧中获得了灵感，并构思了铜像的形态。

自从她落户丹麦首都哥本哈根的海港后，已经成为了丹麦的象征。她吸引了无数的游客，人们流传着这种说法：不看美人鱼，不算到过哥本哈根。

"雪人"之谜

"雪人"是对处于高寒地带的"野人"的一种通常称呼，它们不仅出没于欧洲东南部的高加索山脉，而且还活动于喜马拉雅山脉、喀喇昆仑山脉、帕米尔高原以及蒙古高原的冰天雪地的广阔空间。它们在当地居民的记忆里至少存在有300年以上的历史，至今还被描绘得活灵活现，以致成百上千的科学家、探险家为之耗尽心力，苦苦探寻……在中亚和东亚的雪山间，雪人被称为"耶提"（或"耶泰""朱泰"等），意思为"怪物"。据看见过耶提的山民讲，它们高1.5~4.6米不等，头颅尖耸，红发披顶，周身长满灰黄色的毛，步履快捷。其硕大的双脚可以在不转身的情况下迅速调向180°，以便爬升和逃跑。耶提生性羞怯，却"好色"：雄性耶提遇见女人便会穷追不舍；反之，男人倘遇见雌性耶提，也难逃厄运。女作家吉尔宁曾经在一群尼泊尔少女的陪同下深入喜马拉雅山南麓寻觅雪人。在一个阳光明媚的日子里，这群少女在雪山间的一条山涧里裸泳嬉戏，不幸被十几个耶提发现。它们呼啸着一拥而上，将这群可怜的少女全部掳走。吉尔宁幸而未及下水在一处山崖旁观赏雪景，因此得以脱逃。她劫后余生，将这事写进了后来引起轰动的那部著名的探险记《雪人和它的伴侣们》。

喜马拉雅山

另有一个故事讲，一个部落的头人的独生女被雪人掳走，头人气极败坏，亲自率领大队猎人循迹追踪，终于在一个洞穴里发现一群耶提。猎人射杀了耶提，夺回了头人的女儿。可怜她已经气息奄奄，下身流血不止，回家后不久便告别了人世。为了保护妇女的安全，据说以后这一带的村落往往都将敞开的酒坛置于户外，让耶提痛饮。因为耶提爱饮烈酒，醉后便会摇摇摆摆地回山昏睡，再不思女色了。

耶提也会演出"英雄救美"的"话剧"。1975年，一名尼泊尔舍尔巴族姑娘上山砍柴，突然遭遇一只凶猛的雪花豹。正当她惊恐地闭上双眼，束手待毙之际，却猛然地受到重重一击。她摔倒了。待到她爬起身时，看见一个灰白色的雪人正勇敢地同雪花豹翻滚在一起。姑娘不敢多作停留，乘机逃跑回村。雪人后来的命运到底如何，她不知晓，但是她永远忘不了"他"。

据英国人类学者伯·斯·皮格尔的报告，有些舍尔巴族猎人曾在雪人醉倒之后捕获过它们。猎人向皮格尔描绘说，其中的一个高约3.5米，浑身披毛，头发垂至眼睛，但脸部无毛，露出浅色的皮肤，同猿猴的相貌差不多。它宽肩驼背，长着一双很长的手臂。身体前倾，用两脚走路，但有时也用四肢并行。猎人们说，这可能是一个雌性雪人，因为它有着一对硕大而下垂的乳房。雪人基本上为肉食，体味很重，既有狗熊的气味，又带有强烈的狐臭。它们喜好夜间活动，能发出各种叫声，最典型的是尖叫，足以撕裂人们的耳膜。

1907～1911年间，俄罗斯动物学家维·哈·卡克卡在高加索山脉搜集到当地称为"吉西·吉依克"的雪人的材料：像小骆驼那样高大，全身长满棕褐色或淡灰色的毛，长臂短腿，爬山和奔跑都极敏捷，脸阔，颧骨突出，嘴唇极薄甚至很难看出，但嘴巴宽阔。脸上皮肤色深而且无毛，既食鸟蛋、蜥蜴、乌龟和一些小动物，也吃树枝、树叶和浆果。它们像骆驼那样睡觉，用肘和膝支持身体，前额对地，双手放在后脖颈上。

蒙古高原的雪人被称为"阿尔玛斯"或"阿尔玛斯蒂"。蒙古科学院院士赖斯恩认为，雪人的存在不容怀疑。

由于现代人类的活动，以致雪人的生存空间越来越小。因此，应该像保护珍稀动物一样保护雪人，尽管对于它仍然停留在是一般动物还是野人的争论中。1941年，一名苏联军医在今塔吉克斯坦的帕米尔地区的一个小山村里捕捉到一个浑身披毛的怪物，它不会讲话，只会咆哮。后来边防哨所的卫兵将它当做间谍枪杀了，这令军医很伤心。

不论从高加索、帕米尔还是从蒙古高原、喜马拉雅山传来的信息，都说存在真实的雪人的活动，而且大多数信息都证明雪人属于人科动物。那么，雪人真的就是人科类野人吗？对此，英国女人类学家玛拉·谢克雷博士认为，雪人是尼安德特人的后代。这就是说，雪人介乎于人、猿之间。谢克雷博士研究了雪人留在雪地里的大脚印，指出它的大足趾很短，略向外翻。苏联人类学家切尔涅茨基也认为雪人是尼人的后代，说尼人在与智人（现代人的直接祖先）的搏斗中，节节败退。其中的一支逃入高山雪峰，发展成雪人。中国人类学家周国兴先生认为，雪人是巨猿（它不是人类的祖先，但同人类祖先有"亲戚"关系）的后代。他比较了雪人脚印和猿类脚印，认为雪人更像猿。传说中的雪人直立行走，受惊时也匍匐疾跑——这很像古猿类。他推测，古代的巨猿并没有真正灭绝，它的后代潜伏生长在欧洲东南部及亚洲的雪山冰峰之间，成为神秘的雪人。但它们并没有语言的功能，只会发出模糊的叫声。因此，它们似乎没有走进人类的门槛。也有学者否认雪人的存在，他们认为传说中的雪人的脚印可能是熊的脚印，也可能是山上的落石在雪融化后造成的。

而在尼泊尔，每一个到那里旅游的人都会问起这样的问题："喂，雪人究竟是什么样的？所谓的雪人是否真的存在？"对此问题至今尚未得出明确的、结论性的答案。

然而，为了寻找这一问题的基本答案，许多探险家、登山运动员以及各个领域的科学家不惜花费大量的时间、精力为研究和探索这一问题投入了相当可观的资金。1959年，一支美国雪人考察队也在尼泊尔境内考察了一个半月，仍没有发现雪人的任何蛛丝马迹。

在藏语中常用来描述似猿或像熊的"人"的词叫"mi-dre（d）"，这个词最早记在西藏著名的神学家和诗人米拉日巴的第26首诗中。这首诗谈到作者的"三个游戏的伙伴"，一只长尾猴、一只猴子、还有一个就是 mi-dre（d）（注意：在藏语中没有"Yeti"一词，夏尔巴语称雪人为"Yeti"）。

对于这种"长毛野蛮人"的最早的详细描述之一，可追溯到15世纪。作者约翰·希尔特伯格是巴伐利亚雇用兵，被土耳其人俘虏后，先被押送到泰默兰法庭受审，而后又被流放到蒙古境内。他一回到自己的祖国，便在1427年写了有关发现的报道。下面就是摘自他报道中几行引人人胜的叙述：

"在东部边缘的天山省境内阿尔卑斯山上有野蛮人生存。他们除了脸、手掌和脚掌无毛以外，全身长满厚厚的一层毛。他们没有固定的栖身地或洞穴，而是漫游在荒山野岭，靠树叶、杂草为生。"

就尼泊尔本国来说，也有关于研究雪人的记载。从1950年尼泊尔对来宾开放以来，关于专门寻找雪人考察队的里程碑就足够说明问题了！不言而喻，这些考察队均由那些颇具名望又真正诚实可靠的人所组成，他们都尽力观察过、乃至拍摄和测量过那些神秘的脚印，同时还常常对这些"迷人"的足迹用熟石膏铸成模型。J. A. 麦克尼利及其一行的考察队没有采取以前所有考察队的那种惯例，一味追踪并企图猎取雪人，而是进行了全然不同的部署：在"亚兰河谷"上游（尼泊尔东部）安营扎寨，其周围环境恰与其他雪人考察队所提供的调查地形相一致。所选择的海拔高度约为3200米，营地扎在密林深处，远离最近的村庄。

麦克尼利考察队的队员们决定耐心地等待神秘的雪人出现。一年多过去了，可是雪人并未露面。但是在一天早晨，他们发现有新踏的脚印，这些脚印同以前被人认为是雪人的那种脚印相似。这就是麦克尼利考察队的全部发现。

1974年11月，波兰 LHOTSE 探险队队长 A. 扎瓦达拍摄的这种脚印更多，并进行了测量和石膏模型的制作。他们在离珠穆朗玛峰的大本营不远处（海拔5300米）跟踪了似乎并肩而行的雪人的脚印。这些脚印非常匀称，尽管积雪冻结如坚石，但脚印起码有两英寸深！

在三四个月以前，即当年7月，有一个行动有点儿异常的雪人，戏剧性地出现在人们面前。这就是著名的 7 月 11 日 "麦克贺玛" 事件。当时，一位年方 18 岁，名叫拉克巴·杜梅尼的夏尔巴族姑娘（夏尔巴人部分居住在尼泊尔境内的喜马拉雅山麓）声称在离一个叫福尔茨的夏尔巴小村寨不远处，遭到了一个雪人的袭击。这个小村寨离夏尔巴地区的首府纳姆巴加尔只有步行两天的路程。5 天之后，她向警官报告说："在麦克贺玛牧场（夏天放牧牦牛的地方），我静静地坐在一块大石头上，忽然听到身后传来了奇怪的声响，宛若有人在大声咳嗽，深深的太阳穴、凹陷的眼睛、紧皱的前额、全身布满红褐色的粗毛，下半身比上半身的毛色要深些。那畜牲猛然抓牢我不放，把我掮到附近的一条河旁，又把我丢在地上。它在离我不远的地方逗留了一会儿，就又向前，去向那些正在啃草的牦牛进行袭击了。"

曾经公布过的一份警方报告还说：在麦克贺玛确实发现有三具牦牛死尸，其中两具似乎因头部遭到大石头或粗木重击而死，而第三具的脖子则被打折了！夏尔巴民间广泛传信着这样的话说：雪人力大之极，想要杀死一头公牦牛，他便抓其角、扭其头，宛若卸螺丝般轻而易举。

警方报告还进一步谈到他们发现有关测量过的雪人脚印。最重要的事实是，这些脚印不全印在雪上，而且在沙地或松软的地面上也有发现，这在尼泊尔还是第一次。不过，这些脚印的大小都与过去量度的平均尺寸相吻合：10.16 厘米宽，30.48～33.02 厘米长。

警方报告有点儿含糊其词地下结论说："对牦牛的这场袭击不可能是人类所为；假如雪人确实存在，那么万物都会指责'他'为罪'人'。"

亲眼目睹这些脚印的人，不仅有科学考察队及登山队的成员，而且还有许许多多乘坐牛车长途旅行的人们。因此，从客观上来讲，很难认定这些足迹是那些异想天开、头脑发热的人们之臆造物。这些脚印的存在是无可争议的事实！

这些脚印一点儿也不像熊留下的足迹。因为熊的脚印总要显露出脚趾前的爪子，而雪人脚印的一个明显特征是它们往往显示出大脚趾是与其他脚趾分开的，这就表明它是像猿或者人的生物。这些的确是现今知道的唯一具有相对大脚趾或大拇指特点的哺乳动物。于是，有待解决的问题仅仅是要确定是谁或是什么东西留下了这些痕迹。我们还将发现，雪人远远不是生活在我们地球上的唯一的"像人的野兽"。留下这些足迹的地方很多，而这些地方大都是远离人类居住区的极其荒凉的不毛之地。

雪人究竟是"人"还是什么动物？这是个很复杂的问题，因为：

一方面，在喜马拉雅山脉，特别是在南麓即尼泊尔境内，似乎至少有3种不同形式的动物被看做是"雪人"。但它们的脸部特征各不相同，尤以身高和走路的习惯差别更大；另一方面，在尼泊尔境内白雪皑皑的陡峭山坡上留下行踪的动物，还不止雪人一种。而且，要鉴别雪人并进行区分是很不容易的。事实上我们应该称之为"雪人类"。

这是因为从目击者那里得到的详细描述雪人的第一手资料很少。还必须承认，在尼泊尔境内"雪人类"的数量并不很多。况且，它们似乎生活在远离人烟的地方。

然而，专家们的争论范围现已缩小，认为雪人属于下面3种人猿的一种：

1. 幸存下来的尼安德特人。与其说它像猿，不如说它更像现代人，只是额头有点儿倾斜而已。可它除了攀登崖石外，一般都是直立行走。

2. 有可能是属于长尾猴类的类人猿，只是长有长尾巴，似乎与雪人的情况不尽相同。

3. 猩猩科，即一种体格高大的猿，如黑猩猩、大猩猩、长臂猿和猩猩等，其中一些同雪人一样，颅骨也有点儿突出。

如果说这后一种证明是正确的话，那么科学家们势必会把它看做是多毛巨人。在中国和印度都曾发现过它的化石。

第三种假设是伯纳德·休弗曼斯博士在1952年首次提出来的。他是秘密动物学，即未知动物科学的创始人。从那时起，伯纳德·休弗曼斯博士的假设被越来越多的人类学者和其他科学家们奉为最有权威性的理论并加以推崇。

总之，雪人之谜和大脚怪之谜一样，令人既难以置信，又感觉不好轻易否定。它是否也属于"假说科学"的范畴呢？或许是吧。

知识点

喀喇昆仑山脉

喀喇昆仑山是中亚细亚大山脉，从阿富汗最东部向东南延伸约480千米，为世界上高山和高纬度之外最长的冰川最集中的地方。塔吉克、中国、巴基斯坦、阿富汗和印度的边界全都辐辏于这一山系之内，赋予这一僻远的地区巨大的地缘政治意义。

　　喀喇昆仑山脉平均海拔 6000 米以上，共有 19 座山超过 7260 米，8 个山峰超过 7500 米，其中 4 个超过 8000 米，诸山峰通常具有尖削、陡峻的外形，多雪峰及巨大的冰川。其周围簇拥着数以百计的石塔和尖峰。除了极地，这条山脉的冰川比世界上任何地方都要多和长。最大的冰川斯帕·比亚福冰川（长 100 千米），途经伊斯帕山口。屹立于冰川上面的乔戈里峰，是世界第二高峰（8610 米）。

延伸阅读

人类的近亲黑猩猩

　　黑猩猩在生理上、高级神经活动上、亲缘关系上与人类最为接近，因此是医学和心理学研究以及人类的宇宙飞行最理想的试验动物。但国际法律明文规定，不论任何理由、任何方式，都不能用猩猩科属的动物来做医学研究等试验。

　　研究表明，一些黑猩猩经过训练不但可掌握某些技术、手语，而且还能动用电脑键盘学习词汇，其能力甚至超过 2 岁儿童。然而研究人员无法训练它们用人类的语言大声讲话，这是为什么呢？1996 年 1 月，美国科学家发现，黑猩猩被挠痒痒时也会笑，在笑的同时还呼吸，听上去就像链锯开动的声音，而人类在讲话或笑时呼吸是暂时停止的，这是因为人能够很好地控制与发声有关的各部分隔膜和肌肉。科学家认为，能否讲话的关键在于神经系统对气流的控制，人类能讲话就是突破了这方面的限制，而黑猩猩却无此能力，这就揭开了黑猩猩不能讲话之谜。

我国"野人"之谜

　　在当今世界上，有人把"野人"同飞碟、尼斯湖怪、百慕大三角称为世界"四大谜"，而"野人"之谜直接与现代人的起源相关，格外引人瞩目。

关于"野人"，我国的史书在3000年前就有过记载。明代李时珍在《本草纲目》中就提到了"野人多毛、善笑、体格灵巧"的特征。而近代遭遇或目击"野人"的报道则更为多见。

1940年，生物学家王泽林在甘肃地区曾亲眼看到一个被打死的"野人"，这个"野人"是雌性个体，身高约2米，全身被覆着灰褐色的厚毛，乳房很大，面部的形态与著名的"北京人"很相似。

神农架

20世纪50年代，地质学家樊井泉在陕西省宝鸡附近的山林中，由当地向导带领，曾近距离地观察了生活在该地区的两个"野人"。这两个"野人"为母子，小的身高1.6米，形象与人相近。

在浙江九龙山一带，也时有"人熊"出没的流传。1957年，当地农民打死了一头人熊，一位中学生物教师将其手脚制成了标本。

1976年5月14日凌晨1时，湖北神农架林区党委的任新有及五位干部在开完会返回住所的途中，在椿树垭公路144~145千米路碑处，发现了一个有棕红色体毛的"野人"。

据统计，从20年代至80年代，在神农架地区目击"野人"者达300人次，在云南的沧源县约50人次，在广西的柳北山区约21人次。

为了弄清"野人"的真相，我国从50年代末起，先后有组织地在西藏、云南、湖北、陕西和浙江5个省份进行了有关"野人"的考察活动，其中规模最大的一次是1977年由中国科学院主持的对神农架地区的考察，历时近1年，考察人员达100人以上，获得了"野人"的脚印、毛发、粪便等间接证据。1980年对浙江遂冒九龙山的"人熊"考察，则鉴定出"人熊"的手脚标本并非"野人"手脚，而可能是当地的一种科学上未见记录的大型短尾猴的手脚。

1986年6月19日，《科学晚报》又发了一篇报道：1985年12月我国一支前往喜玛拉雅山区的探索队，在山顶洞内捉到了一个活生生的"毛孩"。这个半人半兽的婴孩能直立双脚走路，除了脸上外，身上布满了一层短毛。他有一双特别的眼睛，似一双深不见底的黑池，隐约带有一些细微血管。他现在被养在山西一家医院内。一位研究员说，他是现今世界上最神奇的动物品种，可以说是人类进化初期的活化石。

根据"野人"目击者的描述以及历年来的考察资料，传说中的"野人"身高一般在1.2~2.5米之间，能直立行走，外貌似介于人、猿之间，手、耳及雄性生殖器、雌性的双乳与人相像，脚印20~40厘米，四趾并拢，大趾大，稍朝外岔开，没有语言，多单独活动，无冬眠习性，食性主要为蔬食性，不会使用、制造工具等等。

综上所述，"野人"究竟为何物，至今还是一个待人揭晓的谜。由于至今没有获得一件有关"野人"的直接证据，因而在其是否存在这一问题上，观点和看法也颇有分歧。

一部分学者认为，可能存名为"野人"的未知动物，但对这种未知动物的分类属性又有不同见解。有人认为"野人"是猿科范围的生物，可能是更新世曾繁盛一时的中国南部地区的巨猿或褐猿的后代，因为在现代传说有"野人"活动的地区，大多数是还保留封闭或半封闭状态的原始森林，林中保存不少第三纪的残存树种，如连香树、鹅掌楸、香果树等，说明生活环境古老，巨猿或褐猿改变它原有习性而残存下来是有可能的。然而，还有一部分学者认为"野人"可能是人类远祖腊玛猿或南猿，特别是粗壮南猿残存下来的后代。

大部分学者则根据动物群体生态学和现代动物地理分布的现有概念，否认存在"野人"这种人形动物，认为民间流传的所谓"野人"是一些已知动物如熊、猴类或长臂猿等所引起的错觉，也可能是幻觉，甚至是故意捏造的。其结论的主要依据是：肯定有"野人"的论点缺少根据。

那么，"野人"是否真正存在？传说中的"野人"究竟为何物，这仍然是一个时时引起人类好奇心的未解之谜，它的谜底有待于今后捉住或击毙一个活体后才能下结论。

知识点

神农架

神农架位于湖北省西部边陲，总面积3253平方千米。是因华夏始祖炎帝神农氏在此架木为梯，采尝百草，教民稼穑而得名的。地处中纬度北亚热带季风区，受大气环流控制，气温偏凉且多雨，并随海拔的升高形成低山、中山、亚高山3个气候带，立体气候十分明显。"山脚盛夏山顶春，山麓艳秋山顶冰，赤橙黄绿看不够，春夏秋冬最难分"是林区气候的真实写照。独特的地理环境和立体小气候，使神农架成为中国南北植物种类的过渡区域和众多动物繁衍生息的交叉地带。境内森林覆盖率88%，保护区内达96%。这里是极富特色的世界级旅游资源，动植物区系成分丰富多彩，古老、特有而且珍稀。这里拥有当今世界北半球中纬度内陆地区唯一保存完好的亚热带森林生态系统，是一块绿色宝地，对于森林生态学研究具有全球性意义。

延伸阅读

一个关于野人的传说

1915年，神农架边缘地带的房县，有个叫王老中的人，他以打猎为生。一天，王老中进山打猎，中午吃过干粮，在一棵大树下休息。蒙眬中，他听到一声怪叫，睁眼一看，有一个两米多高、遍身红毛的怪物已近在咫尺。王老中惊恐地举起猎枪……没想到红毛怪物的速度更快，瞬间跨前一大步，夺过猎枪，在岩石上摔得粉碎。然后，笑眯眯地把吓得抖成一团的王老中抱进怀中……很快王老中知道这个怪物是个女野人。

一年后，女野人生下一个小野人。这个小野人与一般小孩相似，只是浑身也长有红毛。由于王老中思念家乡的父母和妻儿，总想偷跑回家，无奈巨石堵死了他的出路。因此，当小野人有了力气后，他就有意识地训练小野人搬石爬山。一天，女野人又出去寻找食物，王老中便用手势让小野人把堵在洞口的巨石搬开，然后自己爬下山崖，趟过一条湍急的河流，往家里飞跑。

已不成人形的王老中逃回家中，家人惊恐万状，竟不敢相认。原来他已失踪十几年了，家人都认为他早已死了。

非洲森林"野人"之谜

刚果民主共和国偏远北部地区的非洲森林中，发现了一种神秘的巨大猿类动物。它来无影去无踪，长得既不像黑猩猩，也不像大猩猩，说不清它究竟是什么生物。那么，它是否就是人们所说的"野人"呢？

非洲森林

根据目击者的描述，这种巨大的猿身高有 2 米，体重 85～102 千克。此外，科学家们还拍摄到了巨大猿的宝贵录像，并发现了这种巨大猿的死尸骨骼。

神秘大怪物的发现者之一是美国灵长目动物研究专家谢利·威廉姆斯。他一连几年待在刚果神秘大怪物出现的地方，搜集这种神秘大怪物的 DNA 样本、粪便、头骨和地面上的大脚印。2002 年，他在当地居民的协助下发现了

四只大怪物，甚至还拍下了一个雌性大怪物稍纵即逝的镜头。威廉姆斯称，这有可能是一种新的灵长目动物，换句话讲，这是动物研究史上未曾发现的一个灵长目分支，它可能与人类的起源有着某种联系。

会说当地语言的威廉姆斯见过那些声称看到过神秘大怪物的村民，但是，威廉姆斯刚果之行最大的收获就是与神秘大怪物迎面相撞，最近的时候距离不过四五米。在当地的向导带领下，威廉姆斯接连追踪神秘大怪物长达数小时。为了引诱神秘大怪物现身，他们还玩了好几个伎俩。

威廉姆斯还遇到一个在当地传教时间很长的挪威教士，这位84岁的挪威传教士告诉威廉姆斯说，几年前，他开着一辆旧卡车在行驶途中，突然一个大怪物出现在他车前，并且比坐在车里的他还高。要知道，这位挪威传教士足足有1.8米高！

这种巨大猿与大猩猩和黑猩猩都不相同，传说它可以猎杀一只狮子，在当地人的传说中它被称为"吃狮者"。

有关这种巨大猿的相关资料和描述，人们起初认为它是大猩猩，因为在发现这种巨型猿的500千米处是大猩猩密集居住地。巨大猿的面孔的确与大猩猩十分相似，并且有较长的背脊骨骼。

但是，澳大利亚堪培拉国立大学专家科林·格罗夫斯称，依据巨大猿的头骨特征推测，它应当属于黑猩猩。然而，它的生活习性却是喜欢将自己的巢穴建在地面上，就如同大猩猩那样，而黑猩猩是栖息在树上。

令人十分不解的是，这种巨大猿又与大猩猩有许多不同之处，通常大猩猩不喜欢在潮湿的地方居住，为了避免潮湿，它们宁愿每天都在干燥的地方建一个巢穴。但是，巨大猿却喜欢在潮湿的类沼泽地栖息，而且经常不更换巢穴。科学家们对在它的巢穴附近发现的巨大猿粪便分析，巨大猿每天的主要食物是水果，这一点与黑猩猩相似。

更让灵长类生物学家们感到困惑的是，每当月亮升起和落下的时候，这些神秘的大怪物总要发出怒吼声，这恰恰是其他灵长类动物最忌讳的习性，因为这些非洲灵长类动物绝对不会在这个时间发出吼叫，以免招来狮子和草原野狗等凶恶的食肉动物。如此怪异的生活习性让灵长类专家们百思不得其解。

美国佐治亚大学的教授杜纳·鲁姆鲍表示："我们不能排除它是一种新的类人猿种或是某种杂交猿种的可能性。"

另外一种解释是，这种巨大猿是大猩猩和黑猩猩的杂交种类，兼具了两者的特征和生活习性；此外，部分科学家还认为，这种巨大猿是一种低能黑猩猩，它的身体比正常的黑猩猩大二分之一。

有关非洲中部巨大猿最早的描述来自1898年一位欧洲猎人，那时刚果还处于比利时殖民统治时期，一位欧洲猎人最先拍摄下巨大猿的照片。1996年，一位居住在肯尼亚名叫卡尔·安曼的瑞士摄像师表示自己看到了神秘的巨大猿，并声称这种巨大猿居住在森林深处，是目前世界上最凶残的猿类动物，它可以猎杀一只狮子。安曼说，这种巨大猿警惕性很高，一旦发现有危险迹象，便很快消失在森林之中。

按照达尔文进化论，从猿到人应该是一条非常完整的进化链，在这个进化链里面，我们现在能够看到的，比如说人是地球上最强壮的一个物种，但是往前推1万年，人就已经比较少了，推10万年，不仅数量很少，而且形态也跟现代人差很多。要往前推100万年，人的形态、功能各个方面差距就非常之大。但同时我们又发现，那些叫做人类祖先的东西，比如说猩猩、猴子等低等灵长类活得都很好。恰恰在这条从猿到人的进化链里，人类最直接的祖先没有被找到。

目前，全球人口达60亿以上，一个这么强壮的群体，按照优胜劣汰的原则，它的祖先演化到今天，一定有它的源头所在。就像一棵粗大的树一定要有一个强大的根系一样，如果根系非常薄弱，或者说祖先早就灭绝了，那后代子孙从哪儿来呢？因此，研究"类人动物"有没有活着的，对于研究人类学、人类起源可能是一个很好的突破口。

随着人类对自然界认识的增加，发现动物新品种的可能性就越来越小。但可能仍有许多人们未知的动物。最近一百年间，过去许多被怀疑的动物陆续被发现或证实。但是，人们能否证实"奇异动物"的存在呢？这就要看动物学家们的努力了。

知识点

刚果民主共和国

刚果民主共和国，首都金沙萨，简称刚果（金），位于非洲中西部，赤道横贯其中北部，人口70916439（2010年），面积234.5万平

方千米，非洲面积第二大国。东接乌干达、卢旺达、布隆迪、坦桑尼亚，北连苏丹、中非共和国，西邻刚果共和国，南界安哥拉、赞比亚。海岸线长37千米。地形分5个部分：中部刚果盆地区，东部南非高原大裂谷区，北部阿赞德高原区，西部下几内亚高原区，南部加丹加高原区。该国自然资源丰富，素有"世界原料仓库"、"中非宝石"和"地质奇迹"之称。全国蕴藏多种有色金属、稀有金属和非金属矿。盛产乌木、红木、花梨木、黄漆木等22种贵重木材。水电资源丰富，估计蕴藏量为1.06亿千瓦，占非洲总储量的40%，世界的13%。

延伸阅读

刚果共和国

刚果共和国，首都布拉柴维尔，简称刚果（布），位于非洲中西部，赤道横贯中部。人口420万人（2007年），面积34.2万平方千米。东、南两面邻刚果（金）、安哥拉，北接中非、喀麦隆，西连加蓬，西南临大西洋，海岸线长150多千米。东北部为海拔300米的平原，是刚果盆地的一部分；南部和西北部是高原，高度在500～1000米之间；西南部是沿海低地；高原同沿海低地之间为马永贝山地。刚果河（扎伊尔河）及其支流乌班吉河的部分地段是同刚果（金）的界河。境内刚果河支流有桑加河、利夸拉河等，库依路河单独入海。南部属热带草原气候，中部、北部为热带雨林气候，气温高、湿度大。该国石油、天然气资源丰富。2009年石油产值约占国内生产总值的61.7%，占出口总收入的90.3%。一些地区流行瘢纹饰，人为使脸部长出肉瘤，以此为美。重视婚礼和葬礼。

人文地理之谜

　　自古至今，人类创造了一个个灿烂的文明，由于时光流水的冲刷和历史尘埃的湮没，许多文明消失了，留下一个个遗迹诱惑着人们去探索与解秘：世界各地各民族流传着许多关于史前大洪水的传说，为什么这些神话尽管产生于各个不相类属的文化，故事却是如此惊人地相似呢？公元前350年，希腊哲学家柏拉图曾提到一个存在于1万年前的经济繁荣、科学发达的大西洲，然而，为什么它几乎在一夜之间便从地球上消失了呢？在秘鲁的纳斯卡荒原上，人们发现了大量的神秘图案，规模宏大，只有坐飞机在空中才能看清楚，可是古人是怎么绘成的呢？绘成这些图案有什么用呢？撒哈拉沙漠是世界上第一大沙漠，然而，这里竟然有过高度繁荣昌盛的远古文明，沙漠上许多绮丽多姿的大型壁画，令人震惊和难以索解；在不列颠群岛上，有900多个不同规模的石阵，令人不解地是：远古时代的人们是怎样把它们搬到现在的位置的呢？他们为什么要这么做呢？……

史前大洪水之谜

　　世界各地各民族流传着许多关于史前大洪水的传说，特别是沿北纬30°一线的民族，几乎都在各自先民的记忆里保存着有关大洪水的详尽历史。

在所有这些有关地球史前灾难的历史中，最著名的恐怕还是《圣经》中关于诺亚方舟的故事。

《圣经》中说到，有一天上帝来到诺亚面前，对他说："世界败坏堕落，罪恶无穷，有血气的生物全都陷在了罪恶当中，这完全违背了我当初造物的旨意。我现在后悔不及，只有把这罪恶的世界一举毁灭。你要用欧斐木造成一只方舟。"

上帝详述了方舟的式样、规格，以及制造的方法，诺亚——记下。上帝告别时嘱咐说："看吧，我要使洪水泛滥，毁灭天下所有生灵。今天你得给我立下誓约，你和你的妻子、儿子和儿媳都要进入方舟，凡是有血肉的活物，每样一公一母，你都要把它们带进方舟，好在方舟里保住生命的种子。"

油画反映的史前大洪水

诺亚开始履行与上帝的誓约。他找到最好的欧斐木，连夜赶造方舟。他一边劳作，一边告诫人们：洪水快来了，你们别只顾吃喝玩乐，作恶多端，做一点好事吧！人们不但不听，还把他当做疯子训斥一顿，照样寻欢作乐。

诺亚辛勤工作了许多年，终于造成了一只庞大无比的方舟，这只方舟长130米，宽22米，高13米，分上、中、下三层，每层都有一间间隔开的小舱房。

诺亚迅速按上帝的旨意带着妻子、三个儿子及儿媳，还有各种动物一公一母，提早躲入方舟。不久，大地震动，倾盆大雨泼下来，这一下就是40天。大水漫过平原、山脉，最后，全世界都被淹没了。

只有诺亚方舟在茫茫的洪水中漂泊着……

这就是令无数个世纪苟活于世的地球人所牵肠挂肚的史前大洪水的传说。

在古代中亚地面，是富饶的美索不达米亚平原，这就是苏美尔文明的发祥地，在苏美尔这个谜一般的文明国度中，曾诞生了一位吉尔格梅施君王。考古学家从这一地区发掘出的300年前的陶土版上，记叙了吉尔格梅施君王听他的先王乌纳皮施汀君王，讲给他听的有关大洪水的故事。乌纳皮施汀君王设法得到了人类和地球上所有生物的种子。

无独有偶，在地球的另一端，远离美索不达米亚平原的墨西哥河谷，也有关于洪水的传说。这个地区不论在文化上或地理位置上，都被阻隔于犹太教和基督教势力范围之外，他们有关洪水的传说是在第四太阳纪末期。对于这灾难性的洪水洗劫后的情景，传说是这样的：暴雨骤降，山洪暴发，大地一片汪洋，高山隐没水中，人类变成鱼虾……

然而这远远不是全部。

在中美洲阿兹特克人关于洪水的传说中，全世界只有两个人逃离了这场大劫难，他们是一对夫妻。丈夫叫柯克斯特里，妻子叫苏齐奎泽儿。他们是受到神的谕告，建造了一艘大船，漂流到一座高山上。夫妻在洪水退去后才钻出船舱，在当地定居下来，抚育子女……

玛雅的印第安人有一部他们视为命根子的神圣典籍《波波武经》，其中也有关于这场天神发怒惩罚人类的洪水记载。书中讲到天神在开天辟地初创造了人类，然而这是一场不那么顺利的实验，天神先用木头雕成人像，并让他们开口说话。这些木头人后来失去了他的宠爱，因为他们忘记了造物主的存在。于是天神决定发起一场洪水，以毁灭人类……

在美国印第安人中最大的一支阿风坚族的蒙登亚人以及加州南部属于瑟诺族的印第安人，他们也都有关于洪水的传说。在世界上以神话传说著名的希腊，关于洪水的传说更是脍炙人口。在埃及、在印度，关于洪水的传说更是比比皆是。

在人类神话记忆中，这场大洪水铺天盖地，非常辽阔壮观。据有关专家统计，全世界已知的洪水神话和传说有50多则。大多脉络清晰，叙事完整，而且经考证，绝大部分洪水传说各自独立形成，即纯粹是本民族的口头传叙，与某一类主导地位的文化毫无关系。

这就有些奇怪了，在祖先流传下来的大多悲壮的不同神话中，各民族都保存了对远古时代一场全球性的大灾难共同的完好的记忆，并世世代代引起全人类的共鸣。这难道能用巧合去加以解释吗？

为什么这些神话尽管产生于各个不相类属的文化，故事却是如此惊人地相似？为什么这些神话会充满共同的特征，并拥有相同的典型人物和情节？假若这些神话确实是人类的记忆，那为什么没有历史文件或什么资料提到这

场蔓延全球的大灾难呢？

有没有可能是因为这些神话本身就是一个历史记录？神话中的那些动人的洪水故事，可能是某些天才的创作，用以记录远古时代发生的大事，留传给后代子孙。我们所指的神话到底是什么内涵，是不是赋予了我们太多的矜持的怀疑与假设？

有的科学家大胆设想，大洪水不正是登上地球的不知名的生物事先策划好的一项工程，一个残酷的、但出发点却不容置疑的伟大计划吗？他们的目的只是为了消灭人类，留下少数的作为传世的希望。

这一设想正确吗？也许在不久的将来，人们会用更充足的证据来理清大洪水这一几千年来一直笼罩在人类心头的谜团。

➤➤➤ 知识点

《波波武经》

《波波武经》，一译《波波尔·乌》，是古代基切—玛雅人的圣书。为匿名作者于 16 世纪中叶在一张鹿皮上写下。书中试图解说世界起源、诸王历史、宗教社会和西班牙征服等种种问题。书名即有"社会之书"、"人民之书"或"议会之书"的意思。玛雅预言 2012 的原始出处即见于此书。作为玛雅人的古典史诗，表现了玛雅人对大自然、对人类命运的乐观态度。它也是一部有关基切民族的神话、传说和历史的巨著。其中包括创造世界、人类起源的神话传说，基切部落兴起的英雄故事，历代基切统治者的系谱，一直到作者生活的年代。

🌱 延伸阅读

壁画《大洪水》

壁画《大洪水》见于梵蒂冈西斯廷教堂天花板，是意大利伟大的雕塑家、画家米开朗琪罗创作于 1508～1509 年间。米开朗琪罗并没有按照时间顺序来安排历史画面，而是以大洪水这一有强烈震撼力的场面和两幅有关诺亚的壁画开始。此幅作品在构图上被分为一系列单独的群体，并呈曲线状分布，在单调的、铅灰色背景衬托下，这些人群显示出浮雕效果。壁画表现人类绝望和受上天惩罚的戏剧性场面，通过那些迷途罪人的姿态和表情展现出来的，他们有的互相帮助和照顾，另一些则在为苟延性命而苦苦挣扎。绿色、蓝紫色和粉红色之间的色彩反差增强了大难临头的气氛。看着这些由于受磨难而表情滞重的人物向前行进，我们几乎能听到狂风摇撼树枝时的呼啸，几乎能感觉到上帝愤怒时的恐怖气氛。

大西洲存在吗

公元前 350 年，希腊哲学家柏拉图在他的两篇著名对话《泰密阿斯》与《克利斯提阿》里，曾提到一个美丽的大岛国：即大约在公元前 12000 年至前 9000 年间的一个名叫亚特兰蒂斯的大西国，或叫大西洲。说该洲地大物博，面积有 2000 多万平方千米，气候温和、土地肥沃、经济繁荣、科学发达、国富民强。位于直布罗陀海峡附近，在美洲、欧洲和非洲之间的大西洋中。

然而，大西洲到哪儿去了？为什么它几乎在一夜之间便从地球上消失了呢？哪儿是它的家？又是谁毁灭了这片美丽富饶的大陆？……2000 多年来，无数热心的科学工作者在寻踪觅迹，在苦心竭力地思索。

早在 1870 年，德国考古学家谢里曼在希腊的伯罗奔尼撒半岛东北部发掘出迈锡尼文化遗址。35 年后，英国考古学家伊文思又在希腊南端的克里特岛上发掘出更早的米诺斯文化

传说中的大西洲

遗址。于是，人们不约而同地将它们与失踪了的大西洲联系起来，许多学者认为，现存于地中海中的克里特岛，就是大西洲东部的残余部分。大西洲的主体部分已沉没于地中海。他们的解释切中肯綮："一场突如其来的火山、地震、海啸连续爆发，吞没了大西洲大陆。"

学者们通过对近代火山的研究，证实了引起这场大浩劫的源头，在桑托林岛位于克里特岛以北约 113 千米处。这里曾发生过一次巨大的火山爆发，随后又掀起附近海面的大海啸。但是，这一观点存在两个明显缺陷：不能解释米诺斯文明与大西洲繁荣在时间上的巨大差距相差八九千年；更不能解释地中海与大西洲在面积上的差距。

与此同时，一些学者发现，整个大西洋海底被一条 2743 米高的海底山脊分割成两部分。其北部从冰岛开始，蜿蜒南下，南部则直抵南极大陆架。但是，在大西洋东端的亚速尔群岛附近，这条海底山脊变得宽大起来，且巍然隆起，由东至西宽度几近 402 千米，南北则长达 1091 千米。在山脊的北部，有不少海底火山，有些火山突兀在海面，形成现在的亚速尔群岛。因此，亚速尔群岛附近海域下面的这条宽阔的海底山脊，可称为亚速尔高原。这片高原无论形状、大小，都与柏拉图笔下的大西洲相似。而从海底 800 米处取出的岩芯也表明，在 12000 年～17000 年前，亚速尔海底高原应是一块陆地，学者们认为，这块陆地应该就是大西洲。

1974 年，苏联海洋考察船在直布罗陀以西 300 海里处，即亚速尔群岛海面下发现一座海底城市，人们因此认为这便是大西洲的城市遗址。

1930 年，为了支持大西洋东端海域就是大西洲沉没所在地的观点，专家们通过对北美大西洋沿岸的一次航空测量来加以说明。在那次测量中，人们在美国南卡罗来纳州查理斯顿市附近海岸，发现了一处"古战场"。地面上布满大约 3000 个圆形和椭圆形的深坑，似乎是遭到一场来自西北方上空的许多巨砾陨石袭击的结果。另外，在加勒比海靠近波多黎各岛附近海底，有两个深达 2700 平方米、方圆 71.7 万平方千米的凹陷地带。这就是波多黎各地沟。如何解释这些数以千计的深坑与巨大的海底地沟呢？

一名叫墨克的专家提出，大约在 11000 年前，一组环绕着太阳运转的星团——阿多尼斯星团中的一颗小行星，突然脱离正常轨道，以雷霆万钧之势，从西北扑向地球，从而使正处于兴旺中的大西洲遭到毁灭性打击。这就是原属大西洲的波多黎各地沟的形成原因，也是曾受到波及的美国查理斯顿海岸

"古战场"的来历。

然而到了1958年，美国学者范伦坦博士却提出，大西洲不在大西洋东端，而在大西洋西端的巴哈马群岛海域。范伦坦发现，在巴哈马群岛海底，有形态不一的几何图形结构的城墙，长达几百千米。这条海底长城全部由每块16立方米的大石块砌成。还有几个码头和一座栈桥，应该是沉没了的港口遗址。

进入20世纪80年代后，探险者又先后在巴哈马群岛以西、以南的古巴、海地附近海域，发现一些水下金字塔及其他建筑遗址。于是，关于加勒比海就是大西洲沉没所在地的推测，便得到更多人的附和。

2000多年来，人们始终相信充满理性主义光辉的大思想家柏拉图决无戏言，相信大西洲的得名绝非平白无故。然而，大西洲，它究竟在哪里呢?

▶ 知识点

柏 拉 图

柏拉图（约前427－前347年），古希腊伟大的哲学家，是西方哲学乃至整个西方文化最伟大的哲学家和思想家之一，他和老师苏格拉底、学生亚里士多德并称为古希腊三大哲学家。柏拉图出身于雅典贵族，青年时从师苏格拉底。苏格拉底死后，他游历四方，曾到埃及、小亚细亚和意大利南部从事政治活动，企图实现他的贵族政治理想。公元前387年活动失败后逃回雅典，在一所称为阿卡德米的体育馆附近设立了一所学园，此后执教40年，直至逝世。他一生著述颇丰，其教学思想主要集中在《理想国》中。柏拉图是西方客观唯心主义的创始人，他认为世界由"理念世界"和"现象世界"所组成。

🌱 延伸阅读

柏拉图的"理想国"

柏拉图在《理想国》中向我们描绘出了一幅理想的乌托邦世界：国家应当由哲学家来统治。理想国中的公民划分为卫国者、士兵和普通人民三个阶

级。卫国者是少部分管理国家的精英。他们可以被继承，但是其他阶级的优秀儿童也可以被培养成卫国者，而卫国者中的后代也有可能被降到普通人民的阶级。卫国者的任务是监督法典的制定和执行情况。为达到该目的柏拉图有一整套完整的理论。他的理想国要求每一个人在社会上都有其特殊功能，以满足社会的整体需要。但是在这个国家中，女人和男人有着同样的权利，存在着完全平等。每一个人应该去做自己分内的事而不应该打扰到别人。柏拉图在《律法》中指出，"宪法国家"是仅次于理想国的最好的国家。

印度死丘之谜

1922年，印度考古学家巴那耳季，在印度河的一个小岛屿上发现了一片古代废墟。从遗迹上看，这里原来是座城市，好像在3500年前的某一天突然毁灭了。这里究竟发生了什么事？多年来人们对此一直迷惑不解，所以就给这座城市起了一个奇怪的名字：摩亨佐·达罗，译成中文意思是"死丘"。

有些学者从地质学和生态学的角度进行了解释，认为"死丘事件"可能是由于远古印度河床的改道、河水的泛滥、地震以及由此而引起的水灾，特大的洪水把位于河中央岛上的古城摧毁了，城内居民同时被洪水淹死了。然而，有些学者不赞同上述说法，认为如果真的是因为特大洪水的袭击，城内居民的尸体就会随着洪水漂流远去，城内不会保存如此大量的骷髅。考古学家在古城废墟里也没有发现遭受特大洪水袭击的任何证据。

有些学者猜测，可能是由于远古发生过一次急性传染疾病而造成全城居民的死亡。然而这一说法也有其漏洞，因为无论怎样严重的传染病，也不可能使全城的人几乎在同一天

印度死丘

同一时刻全部死亡。从废墟骷髅的分布情况看，当时有些人似乎正在街上散

步或在房屋里干活，并非患有疾病。古生物学家和医学家经过仔细研究，也否定了因疾病传播而导致死亡的说法。

于是，又有人提出了外族人大规模进攻，大批屠杀城内居民的说法。可是入侵者又是谁呢？有人曾提出可能是吠陀时代的雅利安人，然而事实上雅利安人入侵的年代比这座古城毁灭的年代晚得多，相隔几个世纪。因此，入侵说也因缺少证据而不能作为定论。

在对"死丘事件"的研究中，科学家又发现了一种奇特现象，即在城中发现了明显的爆炸留下的痕迹，爆炸中心的建筑物全部被夷为平地，且破坏程度由近及远逐渐减弱，只有最边远的建筑物得以幸存。科学工作者还在废墟的中央发现了一些散落的碎块，这是黏土和其他矿物烧结而成的。罗马大学和意大利国家研究委员会的实验证明：废墟当时的熔度高达 1400℃ ~ 1500℃，这样的温度只有在冶炼场的熔炉里或持续多日的森林大火的火源处才能达到。然而岛上从未有过森林，因而只能推断大火源于一次大爆炸。科学家找到了一个爆炸中心，这和广岛原子弹爆炸后的景象十分相似。

这个假说有一个前提，那就是必须假定印度河流域的征服者已经掌握了原子能技术，这似乎很难使人相信。不过，在印度古代梵语叙事诗《摩诃婆罗多》中有一段关于战争的描写："好像自然的威力一下子迸发了出来。太阳在旋转。武器的热焰使得大地熊熊燃烧。大象被火烧得狂奔，想躲避这可怕的灾难。河水沸腾，百兽死去，敌人一片片倒下，尸体狼藉。马和战车都被烧毁了，整个战场一片大火劫后的景象。海面上死一般的沉寂，起风了，大地亮了起来。这真是一幅令人毛骨悚然的画面，死者的尸体被可怕的大火烧得肢体不全，不复成形。我们从来没有见到过或听说过这样一种武器。"这可怕的场面使我们不能不把这种"秘密武器"同原子弹联系在一起。

如果真是这样，那么这些神秘的征服者又是谁呢？他们来自何方？他们会不会是来自宇宙的其他智慧生命呢？和地球上许多别的不解之谜一样，不少人坚信摩亨佐·达罗城的覆灭和外星人有关。他们既然能够驾驶宇宙飞行器飞越广阔的星际空间来到地球，也就能够掌握原子能或更先进的技术。

其实，印度历史上曾经流传过远古时发生过一次奇特大爆炸的传说，许多"耀眼的光芒"、"无烟的大火"、"紫白色的极光"、"银色的云"、"奇异的夕阳"、"黑夜中的白昼"等等描述都似乎可以佐证核爆炸是致使古城毁灭的真凶。

也有人认为，在宇宙射线和电场的作用下，大气层中会形成一种化学性能非常活泼的微粒，这些微粒在磁场的作用下聚集在一起并变得越来越大，从而形成许多大小不等的球形"物理化学构成物"，形成这种构成物的大气条件同时还能产生大量的有毒物质，积累多了便会发生猛烈的爆炸。随着爆炸开始，其他黑色闪电迅速引爆，从而形成类似核爆炸中的链式反映，爆炸时的温度可高达1.5万度，足以把石头熔化。这个数字恰好与摩亨佐·达罗遗址中的发掘物相一致。据推测，摩亨佐·达罗可能是先被有毒空气袭击，继之又被猛烈的爆炸彻底摧毁。而在古城的大爆炸中，至少有3000团半径达30厘米的黑色闪电和1000多个球状闪电参与，因而爆炸威力无比。

还有人认为，摩亨佐·达罗毁于外星"宇宙飞船"。英国学者捷文鲍尔特和意大利学者钦吉推测。3500万年前，一艘外星人乘坐的核动力飞船在印度上空游弋时，可能意外地发生了某种故障而引起爆炸，以至造成巨大灾难。然而外星人是否存在至今仍是一个未解之谜，故此证据不足。

这些谜底可能还深藏在神秘的"死丘"底下。可是，由于岁月的消磨，洪水的冲刷和盐碱的腐蚀，解开这些历史悬案的希望就像眼前的摩亨佐·达罗遗址日见颓败一样，变得越来越渺茫了。

如今，印度死丘之谜与京师大爆炸、通古斯大爆炸一起并列为世界三大自然之谜。

▶ 知识点

印 度 河

　　印度河是巴基斯坦主要河流，也是巴基斯坦重要的农业灌溉水源。发源于西藏高原，流经喜马拉雅山与喀拉昆仑山两山脉之间，流向西南而贯穿喜马拉雅山，右岸交会喀布尔河，左岸汇流旁遮普地方之诸支流，经巴基斯坦而入阿拉伯海。印度河流域属于亚热带气候，具有明显的季风气候特点，但由于东北部高山山脉的影响，使气候通常介于干燥与半干燥、热带与亚热带之间。

　　印度河总长为2900～3200千米，为世界上最早进入农业文明和定居社会主要文明之一。1947 年"印、巴分治"，分为印度和巴基斯坦，河水归两国共同使用。为了避免纠纷，两国在 1960 年签订了"印度河用水条约"，规定印度使用河水系总水量的 1/5，其余归巴基斯坦使用。

延伸阅读

"印度珍珠" 泰姬陵

泰姬陵在今印度北方邦的阿格拉城内，亚穆纳河右侧。是莫卧儿王朝第五代皇帝沙·贾汗为了纪念他已故皇后阿姬曼·芭奴而建立的陵墓，被誉为"印度珍珠"。泰姬陵是世界上完美艺术的典范，基本上由大理石建成。泰姬陵从 1631 年（一说 1632 年）开始，每天动用 2 万名工人，花了 22 年（一说 18 年）时间，更是耗竭了国库（共耗费 4000 万卢比），这导致莫卧尔王朝的衰落。泰姬陵最引人瞩目的是用纯白大理石砌建而成的主体建筑，皇陵上下左右工整对称，中央圆顶高 62 米，令人叹为观止。四周有四座高约 41 米的尖塔，塔与塔之间竖立了镶满 35 种不同类型的半宝石的墓碑。陵园占地 17 公顷，为一略呈长形的圈子，四周围以红沙石墙，进口大门也用红岩砌建，大约两层高，门顶的背面各有 11 个典型的白色圆锥形小塔。大门一直通往沙杰罕王和王妃的下葬室，室的中央则摆放了他们的石棺，庄严肃穆。泰姬陵的前面是一条清澄水道，水道两旁种植有果树和柏树，分别象征生命和死亡。

克里特岛迷宫

在 4000 年前，地中海的克里特岛是一个发达的文化中心，岛上居住着迈阿斯人。这里的居民专门从事贸易和航海业务，他们文化物质财富的发展比起古希腊还要早上数百年。但令人遗憾的是，迈阿斯文明却在 3000 年前突然灭绝了。

克里特岛

迈阿斯文明灭绝的原因据说是因为一次火山爆发，火山喷发导致猛烈的海啸浪涛冲击克里特岛，使距克里特岛 110 千米处的整个西拉岛都毁灭了。后来，那些火山熔岩又积聚成了今天的圣多里尼岛。

虽然迈阿斯文明已经消失了那么多年，但有关克里特岛国王迈诺斯和半人半牛藏身于黑暗地下迷宫的怪物弥诺陶洛斯的传说却流传甚广。按照古希腊的传说，迈诺斯王的王后帕西厄和海神送给克里特王宫的白公牛有染，结果生下了牛头人身的庞然怪物弥诺陶洛斯。

迈诺斯王把这个怪物关在代达罗斯设计的迷宫里，后来迈诺斯打败了雅典人，要求雅典人每年送上七对童男童女，到克里特岛上喂这只怪物。送进迷宫的童男童女孤苦无助，到处瞎闯，直到那只怪物找到他们并一个个吃掉。年复一年，无辜牺牲的雅典儿童不计其数……这个传说听起来更像一个童话，但是在迈诺斯被考古学家发现的王宫迷墟中，确实有一些迷一般的布局。

20 世纪初叶，英国考古学家艾文斯爵士发掘到了迈诺斯的首都诺瑟斯的遗址。诺瑟斯城是一个很大的城市，但艾文斯最令人轰动的发现是一座庞大的建筑物，许多考古学家都一致认为这是一座王宫，但也有人认为它是一座宏伟的坟墓。

这个遗址是一多层的建筑结构，还有几层建在地下，它的藏品之丰，建造之奇，实在让人赞叹。在这座王宫里有许多色彩鲜明的壁画，它们多以海洋生物、舞蹈女郎、雄壮公牛和杂技演员为题材。在王宫还有不少的石地窖，窖中有一些乐器、铜斧、箭头的残片、象牙包金、加镶水晶和小片釉陶造成的棋盘等物。这座建筑物中铺路的石板、椅子、门道附近，还有典型迈阿斯建筑风格的上粗下细的柱子，上面都有细加琢磨、闪闪发光的雪花石膏。

诺瑟斯城遗址

被发现的这个建筑群到底是一座堂皇的王宫还是一座王室陵园呢？许多考古学家和历史学家对此意见不一。一些人认为是王宫，而德国学者沃德利克却提出异议，他在1972年出版的一本书里说：诺瑟斯这座宏伟建筑，绝非国王生时居所，而是王陵或贵族的坟墓。根据沃德利克的说法，被其他考古学家认为似乎是用作储藏谷物、油和酒的大陶瓷，其实是盛尸体的葬具，把尸体放在里面，如果注满蜜糖浸泡即能防腐，而石地窖则是永久安放尸体的地方；壁画象征灵魂转入来生，还画出死者在幽冥世界里所需的物品。那些复杂精密的管道，沃德利克也坚信不是为活人而设，却是一种特殊的具有防腐功能的结构。

为了证明他的说法，沃德利克还找出了几个证据来支持自己的说法。首先，是诺瑟斯这座建筑物的位置问题，它不该是选为建筑王宫的好地方，因为此处十分开阔，四面受敌，若有人从陆上来攻击则会腹背受敌，无从防卫。其次，当地缺少泉水，要是仅用这些被认为是取水工具的水管来引水，水量一定不能满足这里的居民饮用。再次，在"王宫"及附近范围内也没有一望就知道是厨房和马厩之类的房舍，难道这里的居民不需要食物和交通工具吗？最后，那些被其他人认为是御用寝室的房间，都是些潮湿、无窗的地下房舍，在风光明媚、气候温暖的地中海地区，安排住所也绝对不可能选择这样的地方。

沃德利克之论确也有道理，但是，在这座巨大建筑物中，从来没有发现干尸或墓葬之类的痕迹（除了石器时代的儿童骸骨，但其年代比青铜时代迈

阿斯文明的兴起早好几千年)。

于是，关于诺瑟斯城到底是王宫还是陵园的问题仍是一个无人解释得合理的谜。

知识点

克里特岛

克里特岛位于地中海北部，是希腊的第一大岛，面积8336平方千米，人口约60多万(2008年)。同加尔多斯岛和迪亚岛构成一个行政区。克里特岛是爱琴海最南面的皇冠，它是诸多希腊神话的源地，过去是希腊文化、西洋文明的摇篮，现在则是美景难以形容的度假地。最大城市为赫拉克利翁，行政中心在干尼亚。岛上有山地和深谷，风景优美多姿，还有断崖、石质岬角及沙滩构成的海岸。这里是地中海式气候，风和日丽，植物常青，岛上种有橄榄、葡萄、柑橘等，鲜花遍地盛开。岛四周是万顷碧波，因而有"海上花园"之称。

延伸阅读

弥诺陶洛斯的诞生

米诺斯夺位成为克里特岛的国王之后，他向海神波塞冬拜祈神迹以便证明自己的篡权是正当的，于是波塞冬赐给了米诺斯一头巨大的白色公牛，要求他将其祭献给自己。但是这只公牛实在是太美丽了，米诺斯最后宰了另外一只公牛来祭献，愤怒的波塞冬诅咒了米诺斯的妻子帕西菲，使其患上了嗜兽癖。为了遮丑，米诺斯请来代达罗斯为帕西菲制造了一只木制母牛，把她藏入其中。由于做的过于逼真，白色公牛看上了这只母牛并与其交配，帕西菲因而怀孕，随后生下了一只牛头人身的怪物米诺陶洛斯。代达罗斯建造了一个异常复杂混乱的迷宫用以困住米诺陶洛斯。为了不让其他人知道秘密，米诺斯将代达罗斯父子关进了迷宫里。代达罗斯随后收集了鸟类的羽毛，并用麻绳捆在一起，用蜡封牢，制造了类似翅膀的东西，并和伊卡洛斯两人一起逃离了克里特岛。

不可思议的南极古地图

遥远的南极洲，终年风雪咆哮、天寒地冻，是地球上大洲中唯一无人定居的地方。可是，早在6000多年前，就有人绘出了与现代地图相差无几的极其精确的南极洲地图。这是怎么回事呢？

事情还得从18世纪初叶说起。一天，在土耳其伊斯坦布尔的托普卡比宫，国家博物馆的马里尔·埃德亨先生正在清理一大堆先人留下的文物，赫然发现几张彩绘鹿皮地图。埃德亨先生还是第一次看见这种奇特的地图。他再仔细定睛一看，地图的绘制者是200年前土耳其奥斯曼帝国的海军舰队司令比瑞·雷斯。并标明绘于1513年，在地图一角的附记里，比瑞·雷斯这样写道："为绘制这幅地图，我参照了20幅古地图，其中的8幅绘于亚历山大大帝时期。"

南 极

亚历山大大帝时期距比瑞·雷斯的时代有1800多年，距今有2000多年。在2000多年前绘制这样复杂的地图是什么目的呢？这些地图描绘的方位

在哪里呢？懵懵懂懂的比瑞·雷斯不禁喃喃自问。

一晃200多年过去了。到了20世纪40年代，这几幅地图被辗转到美国地图学家、联邦海军水道测量局局长俄林敦·H·麦勒瑞手里。独具慧眼的麦勒瑞很快便被古地图所描绘的大体轮廓吸引住了。他马上找人来绘了一幅南极洲地图。两相比较之后，不禁瞠目结舌：这些地图中的一幅所描绘的不正是南极洲地图吗？可是，16世纪的人们并不知道南极洲呀，更不用说2200多年前的马其顿人了……

麦勒瑞先生深深懂得，位于地球最南端，被太平洋和大西洋包围的南极洲，终年冰天雪地，狂风肆虐。18世纪以前，人们从未到过南极洲，甚至不知道它的存在。直到1738～1739年，法国航海家布韦才发现了南极圈东边的一个岛，即今天的布韦岛。到了1820～1821年，美国的帕尔默、沙俄的别林斯高和高扎列夫、英国的布兰斯菲尔德等一举登上南极大陆，人类才真正发现了南极洲。

麦瑞勒先生于是带上地图，与美国海军水文局制图员俄勒特尔斯共同研究。结果发现：古地图居然精确地描绘出从威德尔海到毛德皇后地的南极大陆海岸线！这又是怎么回事呢？麦勒瑞与俄勒特尔斯惊疑不定。

后来，古地图在时间的长河中历尽漂泊。1957年，终于落在权威的美国海军制图专家、休斯敦天文台主任马拉里手里。在海军水图学院的同僚们的大力协助下，马拉里发现了古地图上更令人吃惊的地方。

首先，南极冰的平均厚度达1880米，最厚处达4500多米。直到1952年，人们用地震波才探测出冰层下面埋藏着高大的山脉。可是，古地图却精确地描绘出只有现代人才能够描绘出的南极洲山脉，并准确地标出它们的高度与现代地图上的南极洲山脉高度完全相同。

其次，有一幅被命名为《译诺地图》的古地图，上面明明标着"1380年"的字样。但是，地图上的挪威、瑞典、丹麦、德国、苏格兰等国家和地区的轮廓及它们所在的经纬度位置，却与现代科学条件下绘制的地图不差分毫！除此之外，这幅古图上还绘制着现在并不存在的岛屿。例如，将格陵兰岛绘成两个岛屿，这虽然不符合现代地图的描绘，但据1947～1949年的科学考察，却正好反映了古代格陵兰岛的布局。

最后，有两块鹿皮地图的残片上分别写着："回历919年"、"回历934年"的字样。它们上面的残图与其他几幅古图上显示的世界各地轮廓、陆地和海岸线都呈歪斜状，这与第二次世界大战中美国空军采用正距方位作图法绘制的军用地图相似。难道这是从天空中往下航拍出来后绘制而成的？但是，在古代，甚至在1513年比瑞·雷斯所处的时代，航拍地球纯属无稽之谈。

根据现代地球物理学的研究，6000多年前，今天的"冰雪大陆"南极洲正值温带气候。许多连绵起伏的山脉并没有被冰封雪盖。于是，人们确信，古地图不容置疑是在6000多年前绘制的。不然为什么描绘出了6000多年前的南极洲面貌呢？

可是，6000多年前，地球人又是凭借什么先进工具绘制成如此精致的地图呢？带着一个个疑问，人们将视线转移到地球以外的茫茫宇宙，向遥远的星空发出询问。

另一个线索是：20世纪80年代，美国地理学家吉·维豪普特在研究一张由法国数学家、地图学家阿朗斯·凡1531年所画的一张世界地图时，同样发现了一个重要的、令人不可思议的情况。在这张400多年前所画的地图上，南极大陆的轮廓与我们当今所熟知的竟相差无几。维豪普特感到不解：南极大陆最早是俄国航海家于1820年发现的，而对它的详细描绘和研究，是近代才开始的，16世纪的人何以知道南极大陆的情况而且如此详实精密呢？

维豪普特尤其不可理解的是，在这张地图上竟然没有现在的罗斯陆缘冰。这块大冰覆盖了半个罗斯海，有些地方厚达700米，该大冰在1531年时早就应形成了。冻成这么一大块冰，至少要经过1000～5000年时间，换句话说，如果阿朗斯·凡在画南极地图时还没有这块冰的话，那么今天也不可能有，或者规模要小得多。但是这块巨大的罗斯陆缘冰现在明明白白是存在的，因此只能得出两点结论：一种可能是，这张地图上的南极洲只是凭想象画出来的；另一种可能是依据某些从古代流传下来的、我们现在还不知道的资料或图样画出来的。不过这就更让人费解：在那遥远的时代，是什么人、又是通过什么方式航行到南极，而且测绘出如此准确的地图的呢？

由于难以理解，让我们沿着前面的思路，继续把疑问放在"航拍"的可能性上吧。

在《众神之车》一书里，瑞士学者厄里希·丰·丹尼肯推测：大约6000多年前，有一批天外来客造访地球，这几幅古老的南极洲地图便是这次造访的结果。以后，世人据此多次临摹、复传，古地图方能流传至今。人们能认同这种推测吗？

正因如此，在《古代海上霸王们的地图——冰川期高度文明的遗迹》一书中，美国新罕布什尔州立凯恩大学的科学史专家、地球运行学权威查尔士·H·哈布古特教授将古地图之谜列为世界最为重大的文化奇谜之一。

知识点

格陵兰岛

格陵兰岛是世界最大岛，面积 2166086 平方千米，在北美洲东北，北冰洋和大西洋之间。丹麦属地。是一个由高耸的山脉、庞大的蓝绿色冰山、壮丽的峡湾和贫瘠裸露的岩石组成的地区。从空中看，它像一片辽阔空旷的荒野，那里参差不齐的黑色山峰偶尔穿透白色眩目并无限延伸的冰原。但从地面看去，格陵兰岛是一个差异很大的岛屿：夏天，海岸附近的草甸盛开紫色的虎耳草和黄色的罂粟花，还有灌木状的山地木岑和桦树。但是，格陵兰岛中部仍然被封闭在巨大冰盖上，在几百千米内既不能找到一块草地，也找不到一朵小花。格陵兰岛是一个无比美丽并存在巨大地理差异的岛屿。东部海岸多年来堵满了难以逾越的冰块，因为那里的自然条件极为恶劣，交通也很困难，所以人迹罕至。这就使这一辽阔的区域成为北极的一些濒危植物、鸟类和兽类的天然避难所。矿产以冰晶石最负盛名。水产丰富，有鲸、海豹等。

延伸阅读

想象中的南方大陆

在两千多年前，人类对自己生存的地球，远没有像今天那样了解。那时只清楚已知的大陆都位于北半球，但古希腊人根据太阳总是出现在南面天空的事实，认为南半球也应该有一片大陆。当时的天文学家、哲学家亚里士多德曾经有一个著名的假说：地球要保持相对平衡，南北两端必须各有一块陆地，而且可能是南重北轻，否则，这个球状体的世界就会翻来倒去。到了公元 1 世纪，罗马地理学家庞蓬尼·麦拉不仅赞成关于南大陆存在的设想，还指出南大陆的南极地区与北极地区一样，因严寒而无人居住。公元 2 世纪，埃及的希腊天文学家、地理学家托勒密曾绘制出一幅极富想象力的图，他在人们熟知的洲区的南方，加画了一块跨越地球底部的大陆，并给它起了个名字叫"未知的南方大陆"。他认为南方大陆非常大，几乎填满了南半球。这个地图与现代理解的地图基本一致。所以，托勒密有"现代地图学祖师"之称。

神奇的纳斯卡巨画

在秘鲁利马南部的毕斯柯湾，有一个人工建造的高 270 米的红色岩壁，岩壁上雕有一个长 200 米的巨大图案，像三叉戟，又像三脚烛台。三叉戟的每一股都约有 4 米宽，而且是用一种很硬的磷光性岩石雕成的，如果不是被沙土覆盖，它将发出耀眼的光芒。

没有任何证据可以表明这是一个船只航行的路标，倒像是一个航空标志。在 20 世纪 30 年代以来，在三叉戟图案附近，考古学家们又发现了大量同样不可思议而且稀奇古怪的神秘图案。比如在毕斯柯的山谷中，有一条蜿蜒曲折的"道路"图形，长约 3 千米，由 5000 个深 1 米的锥形洞穴紧密排列而成，不与外界相连。在查纳·奥约顿的"鹰山"上，有一个由石头雕成的图案，长宽各 60 米，像一个张着翅膀的鸟头人像，又像一朵巨大的百合花。

在离毕斯柯湾 100 多千米的纳斯卡荒原上，人们又发现了大量的此类神秘图案，这些图案由排列整齐的石块构成，规模宏大，遍布从巴尔帕的北边至纳斯卡南边的 23 千米的狭长地带。这就是著名的纳斯卡荒原巨画。

要真正看清这些巨大的图案，必须要乘飞机在高空俯瞰。在高空中，人们可以发现在这片面积辽阔的荒凉高地上，到处是由石块铺成的巨大线条。有些是几何图案，线条或平行或交叉，或笔直，长达 10 千米，一直伸展到坡的尽头，它们构成巨大的不等边四边形、平行四边形、长方形、三角形，很像一座飞机场的平面图。这些巨大笔直的图案无疑是要经过精确计算测量后才能刻画出来的。更奇怪的是，还有一些动植物的图案，大小在 15 ~ 300 米之间，有的像海藻，有的像长鳄鱼、卷尾猴、长爪狗，有的像鹦鹉、海鸥。

更有一些地球上从未见过的异禽怪兽，它们明显是一些动植物的图案，可谁也叫不出名字来。

这些荒漠图案稀奇而古怪。是谁制作了这些图案？为什么要制作这些图案？又为什么把它们绘得如此巨大？这样巨大的图案是怎么绘成的呢？有人说这是有实用价值的标志和路标，有人说这是说明宝藏的所在，也有人认为是古代祭祀的遗迹，还有人认为是古天文日历的标志，甚至更有人说，它们是"外星人"的航空标志和路道，而那些不知其名的动植物图案是地外生命形态。众说纷纭，莫衷一是。

而据当地的传说，在过去的某一时期，曾有一群来历不明的智慧动物，登陆在今天的斯卡城近郊的一块荒原上，并为他们的宇宙飞船开辟了一个临时机场，设置了一些着陆标记。当时的印加部落，曾亲眼目睹了这些宇宙人的工作，并留下了很深的印象。

考古学家们推断，如果这个传说是真的话，纳斯卡荒原一定是宇宙人的登陆点，毕斯柯湾上的三叉戟则是登陆指标，在纳斯卡的南边也应有一些指标才对。果然，在纳斯卡约200千米的玻利维亚英伦道镇的岩石上，人们又发现了许多巨大的指标。在智利的安陶法格塔省的山区和沙漠中，人们也陆续找到了这些大型图标。这些图标呈直角形、箭矢状或扶梯状，甚至可以看到不少在纳斯卡荒原上极少看到的绘有雕饰的长方形图案。除此之外，在整个区域的峭壁上，可见许多光芒四射的圆周和棋盘形状的椭圆形图案。

这些稀奇古怪的荒原图案到底是否是外星人的杰作，谁也无法确定，这些古代遗址如今都已被政府保护起来，并被辟为旅游胜地。当人们在高空观看这些巨大而又神秘的图案时，都不禁要陷入无限的沉思中。

➡➡➡ **知识点**

利 马

秘鲁共和国首都，全国最大经济、文化中心。位于沿海灌溉绿洲上；东接安第斯山麓，西连太平洋岸外港卡亚俄。人口占全国人口的四分之一以上。1535年建于里马克河畔，曾长期为西班牙在南美洲殖民地的重要行政中心。集中全国工业的70%，主要有食品、纺织、皮革、服装、塑料、药品、化学、金属加工、石油提炼等。市内建筑壮丽，多广场、教堂、博物馆（40 座）；有南美最古老的圣马科斯大学（建于1551 年）和其他高等学校（12 所）。气候潮湿，气温宜人，夏天温度很少超过 31℃，冬天则很少低于 13℃。终年阳光灿烂，海风阵阵，市区建筑与绿树繁花相辉映，享有"南美洲最富庶、最优美的城市"称号。

延伸阅读

玛利亚·赖歇的实验

德国女数学家玛利亚·赖歇将自己的一生献给了纳斯卡巨画。作为一个数学家，她特别想知道那些纳斯卡人在设计和刻画线条时是否依据了几何学原理，她发现许多线条爬坡穿谷，绵延很长距离却能保持笔直，很可能是在木桩间拉线作为画线的标准，只要三根木桩在目测范围内保持一条直线，那么，整条线路就能保持笔直。

20 世纪 80 年代，纳斯卡镇的学生们在赖歇的带领下，向人们演示了古人是如何制造一条纳斯卡线条的：首先用标杆和绳索标出一条笔直的线，然后，再把表面的黑石拿走，漏出下面闪光的白沙，反衬着周围富含铁矿的岩石，于是，一条线就出现了。

尽管赖歇的实验形象地验证了她的假说，但是，有一点，她的实验无法解释，那就是，在纳斯卡地区不仅有大量的直线条，还有众多的弧线所组成的图案，比如，那只长达 100 多米的猴子。

撒哈拉壁画之谜

撒哈拉沙漠是世界上第一大沙漠，气候炎热干燥。然而，令现代人迷惑不解的是：在这极端干旱缺水、土地龟裂、植物稀少的旷地，竟然曾经有过高度繁荣昌盛的远古文明。沙漠上许多绮丽多姿的大型壁画，就是这远古文明的结晶。今天人们不仅对这些壁画的绘制年代难于稽考，而且对壁画中那

些奇形怪状的形象也茫然无知，成为人类文明史上的一个谜。

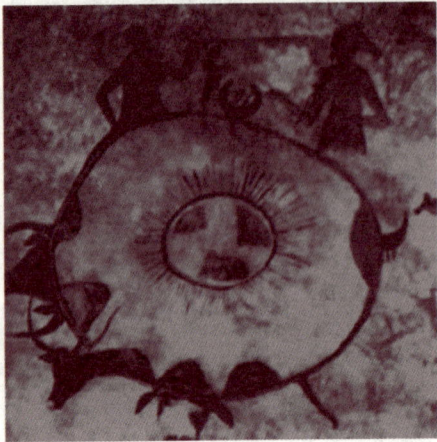

撒哈拉壁画

1850 年，德国探险家巴尔斯来到撒哈拉沙漠进行考察，无意中发现岩壁中刻有鸵鸟、水牛及各式各样的人物像。1933 年，法国骑兵队来到撒哈拉沙漠，偶然在沙漠中部塔西利台、恩阿哲尔高原上发现了长达数千米的壁画群，全绘在受水侵蚀而形成的岩阴上，五颜六色，色彩雅致、调和，刻画出了远古人们生活的情景。此后，世人注意力转到撒哈拉，欧美一些国家的考古学家纷至沓来。1956 年，亨利·罗特率领法国探险队在撒哈拉沙漠发现了 1 万件壁画。翌年，将总面积约 1100 平方米的壁画复制品及照片带回巴黎，一时成为轰动世界的奇闻。

从发掘出来的大量古文物看，距今约 1 万年至 4000 年前，撒哈拉不是沙漠，而是大草原，是草木茂盛的绿洲，当时有许多部落或民族生活在这块美丽的沃土上，创造了高度发达的文化。

这种文化最主要的特征是磨光石器的广泛流行和陶器的制造，这是生产力发展的标志。在壁画中还有撒哈拉文字和提斐那古文字，说明当时的文化已发展到相当高的水平。壁画的表现形式或手法相当复杂，内容丰富多彩。从笔画来看，较粗犷朴实，所用颜料是不同的岩石和泥土，如红色的氧化铁、白色的高岭土、赭色、绿色或蓝色的页岩等。是把红岩石磨成粉末，加水作颜料绘制而成的，由于颜料水分充分地渗入岩壁内，与岩壁的长久接触而引起了化学变化，融为一体，因而画面的鲜明度能保持很长时间，几千年来，经过风吹日晒而颜色至今仍鲜艳夺目。这是一种颇为奇特的现象。

在壁画中有很多人是雄壮的武士，表现出一种凛然不可侵犯的威武神态。他们有的手持长矛、圆盾，乘坐在战车上迅猛飞驰，表现出战争场面；有的手持弓箭，表现狩猎场面。还有重叠的女像，嬉笑欢闹的场面。在壁画人像中，有些身缠腰布，头戴小帽；有些不带武器，像是敲击乐器的样子；有些似作献物状，像是欢迎"天神"降临的样子，是祭神的象征性写照；有些人像均作翩翩起舞的姿势。从画面上看，舞蹈、狩猎、祭祀和宗教信仰是当时人们生活和风俗习惯的重要内容。很可能当时人们喜欢在战斗、狩猎、舞蹈和祭礼前后作画于岩壁上，借以表达他们对生活的热爱或鼓舞情绪。

壁画群中动物形象颇多，千姿百态，各具特色。动物受惊后四蹄腾空、势若飞行、到处狂奔的紧张场面，形象栩栩如生，创作技艺非常卓越，可以与同时代的任何国家杰出的壁画艺术作品相媲美。从这些动物图像可以相当可靠地推想出古代撒哈拉地区的自然面貌。如一些壁画上有人划着独木舟捕猎河马，这说明撒哈拉曾有过水流不绝的江河。值得注意的是，壁画上的动物在出现时间上有先有后，从最古老的水牛到鸵鸟、大象、羚羊、长颈鹿等草原动物，说明撒哈拉地区气候越来越干旱。

那么，在今天极端干燥的撒哈拉沙漠中，为什么会出现如此丰富多彩的古代艺术品呢？有些学者认为，要解开这个谜，就必须立足于考察非洲远古气候的变化。据考证，距今约3000～4000年前，撒哈拉不是沙漠而是湖泊和草原。约6000多年前，曾是高温和多雨期，各种动植物在这里繁殖起来。只是到公元前200年～公元300年左右，气候变异，昔日的大草原终于变成了沙漠。

是谁在什么年代创造出这些硕大无比、气势磅礴的壁画群？刻制巨画又为了什么？

知识点

撒哈拉沙漠

撒哈拉沙漠是世界最大的沙漠，几乎占满非洲北部全部。东西约长4800千米，南北在1300～1900千米之间，总面积约9065000平方千米。撒哈拉沙漠西濒大西洋，北临阿特拉斯山脉和地中海，东为红海，南为萨赫勒一个半沙漠干旱草原的过渡区。撒哈拉沙漠干旱地貌类型多种多样，由石漠（岩漠）、砾漠和沙漠组成。石漠多分布在撒哈拉中部和东部地势较高的地区，尼罗河以东的努比亚沙漠主要也是石漠。砾漠多见于石漠与沙漠之间，主要分布在利比亚沙漠的石质地区、阿特拉斯山、库西山等山前冲积扇地带。沙漠的面积最为广阔，除少数较高的山地、高原外，到处都有大面积分布。

延伸阅读

撒哈拉沙漠岩画的分期

依据撒哈拉沙漠里的岩画内容，可划分它们为几个时期：

史前时期：在更新世的前后。撒哈拉当时并未很乾燥，而是广阔的河流冲积平原。该阶段没有发现人类活动迹象，因此取名史前，并非当时有岩画图像。

水牛时期：约从 3.5 万年前至公元前 8000 年左右。其岩画主要在阿尔及利亚东南部、乍得和利比亚。它们约画于公元前 10000 年～公元前 8000 年之间，使用目前已在当地绝迹的动物奶汁混合颜料画在岩石上。这些动物包括水牛、象、河马和犀牛。

黄牛时期：约从公元前 7500 年～公元前 4000 年左右。当地居民开始从事游牧生活，放牧牛、羊。放牧的动物是从亚洲引进的。

马时期：约从公元前 3000 年～公元前 700 年左右。这一时期有迹象已引进了马、骆驼和奶牛，并从事大规模农业。从腓尼基人那里学会了使用和锻造铁器，可能在公元前 1220 年前后。腓尼基人其时在当地建立了横跨整个撒哈拉到埃及的大帝国联盟。

令人迷惑的英格兰石柱群

在不列颠群岛上，有 900 多个不同规模的石阵，最有名的则是英格兰的巨型方石柱和位于方石柱东北方约 30 千米处的艾夫贝利大石柱阵。在索尔兹伯里平原，3000 年以来的每一天早晨，拱形结构巨石群都在静候旭日东升。黑黝黝的巨石衬着灰色的天空，它们警惕而沉默地矗立着。金色的亮光透出地平线。从石圈的中央观察，曙光随月份不同而变幻，并在两个特定的石柱间闪烁。太阳徐徐升高，巨石由青色、深蓝色变成蓝色，最后是鲜明的杏黄色。

石柱可能是史前世界独一无二的、最不可议的奇迹之一。巨石圈有意识地正对着夏至——全年最长的一天的拂晓时太阳升起的方位排列。最大的巨石块重达 50 吨，远古时代的人们是怎样把它们搬到现在的位置的呢？他们为什么要这么做？

没有人确切地知道石柱的用途，但现在我们已经知道石柱是什么时候和怎样建造的。对巨石阵进行的碳年代测定表明，巨石阵建于公元前 3000 年 ~

英格兰石柱群

公元前 1500 年间的漫长时期，很可能是在轮子的发明传入欧洲之前。韦塞克斯考古专业公司总经理安德鲁·劳森说，事情始于公元前 3000 年前，矮堤形成一个圆场，外围是一道大沟。公元前 2600 年，人们由 217 千米外的普雷塞利山搬来了巨大的长方形蓝灰沙岩石。

外环和马蹄内圈的拱形结构由羊背石构筑，靠人力从 40 千米以北的莫尔伯勒唐斯运来。马蹄形内圈最大的拱门叫三石塔，由两个直竖的史前巨大的巨石和顶部横梁架的巨石过梁构成。直竖的巨石 6.7 米高，重达 50 吨，这是公元前 2400 年的大致数据。石柱的创作者们修整巨石时，有意在支柱的中段弄出些许隆起，这种技术在 1500 年后的古希腊称之为凸肚。原理是借透视效应抵消吊装造成的歪斜，使石柱看上去十分笔挺。

长期以来，这些神秘的石阵一直引发人类丰富的想象力，一时间各种推测纷至沓来。

18 世纪时，教士兼业余历史学家斯特克利博士发表议论说，巨石石阵是由凯尔特人的大祭司建作圣殿用的。凯尔特人是公元前 1000 年左右居住在不列颠和西欧一带的民族。

另一个有关巨石遗迹的说法同样影响深远。沃特金斯是一位啤酒推销员，工作之余特别喜欢研究古迹古物。1921 年的一个夏日，经过冥思苦想的沃特金斯骑马经过自己的家乡赫里福郡时顿时领悟："时间的障碍消失了，在四周的原野上，向四面八方延伸的蜘蛛网似的线条把圣地与古城的遗址连接起来。土墩、巨石、十字、年代久远的岔路、屹立在公元前古建筑遗址上的教堂、富有传奇色彩的林木、护城河和圣井，全都丝毫不差地排成直线。"1925 年，沃特

金斯年届 70，把自己的想法著成《古老的道路》一书。受他的著作影响，成千上万的人拥到大石阵遗迹和其他古代的遗址处，寻找"道路"。

大多数学者认为，史前的不列颠人只不过是纯粹的农夫罢了，他们的智力与学识达不到建造如此庞大神圣建筑的水平。建造者是来自地中海一带的文明人。

从 1950 年开始，考古学家对英格兰巨型方石柱进行发掘研究。经过 10 年的发掘后，证实巨型方石柱历经 1000 多年才得以完成，它分为三个不同的阶段，而每一个阶段都是浩大的工程。

发掘巨型方石柱后，经过测定，专家们意外地发现：巨型方石柱约在公元前 2700 年时就已开始建筑。被早期学者认为是淳朴农夫的不列颠土著人建造了巨石建筑，他们并没有埃及或希腊的协助，完成了叹为观止的建筑。

另外，考古学家还在巨型石柱附近东北 28.96 千米处发现了艾夫贝利——一座更为惊人的建筑。这里有全世界最大的圆形石阵。1649 年，英国古物学家奥布里在打猎时无意中发现艾夫贝利，据奥布里说，艾夫贝利圆形石阵"远胜于巨型方石柱，犹如宏伟的教堂与普通教堂相比。"

正如前面所介绍的，出现在考古学家眼中的艾夫贝利、土丘和石柱合成一个无比惊人的结构，从空中俯瞰艾夫贝利石阵，它是呈巨大环形的壕沟，壕沟深 6 米，宽 20 米，在地形的衬托下，格外分明。

石阵的范围极大，直径约有 360 米，阵内还残存有两个较小的圆形石阵。距圆阵南方 1 英里的地方，赫然出现一座不可思议的相关结构，它是一座小的山丘，直径达 150 多米，高 40 多米，人们猜测它是一位酋长的坟墓，但是在其中没有发现任何骸骨。

在讨论艾夫贝利的书中，历史学家拜尔提出："死亡和再生是艾夫贝利的主题。新石器时代的人很重视灵魂和表征。他们相信一个被故意打破的瓶子会以另一种形式存在，跟未打破时同样真实。死者仍受到重视，生和死并非对立，而是彼此的映照。"此论一出，震动了所有认真研究古代土石结构的人士。

兴建艾夫贝利的时间长达 500 年，人类经历了 20 代的繁衍，人口逐渐增加。慢慢地，艾夫贝利成了宗教和商品交易的重要中心，人民也越来越富裕。居住在巨型方石柱一带的人极想建立一个属于他们自己的中心，从他们花费更多的时间和人力兴建一个迥然不同的圣地，就可以知道他们那股热烈的冲动。

巨型方石柱的研究工作也揭开了一个非常重要的谜团，可以说明当地那些农夫为什么那样热心去采石砌成这个大的圆形石阵。

早在 1740 年，斯特克利指出圆形大石阵的结构的轴线刚好和东北方天空中夏至日的日出方位排列在一条直线上。后来的研究人员也发现石阵的排列与天体的排列有关系，不过那时还没有系统的理论阐明。美国天文学家霍金斯整理出一套学说，说明巨型方石柱在天文学上的功能。1965 年，霍金斯出版了《揭开巨型方石柱谜》一书，霍金斯在其中指出，几乎每一块石头所摆的位置，都定出太阳在一年中重要日子升降的照准线，例如夏至和冬至。霍金斯使用计算机得到的结论是，巨型的方石柱算得上是一座史前天文台，有本身的原始计算结构，最外围的一环内边有 56 个神秘的洞，后来被人称为"奥布里洞"，用以纪念 17 世纪发现这些洞的英国人约翰·奥布里。霍金斯认为，古代天文学家把石制或木制的标记从一个洞移到另外一个洞，就可以追踪月亮的轨迹，预测月蚀。

霍金斯的书使考古学家感到烦恼。但渐渐地，有人认同了霍金斯的说法。英国最著名的天文学家霍伊尔不用计算机，而运用自己的计算方法，也计算出巨型方石柱的确是一座天文台。他甚至同意一个说法，认为奥布里洞虽然不是一个计算结构，却是一种月蚀预测结构，霍伊尔坚持说奥布里洞代表太阳的轨道，而洞内的标记则代表太阳、月亮和太阳与月亮轨道的某些交点。霍伊尔写道："这个圆阵一定是由一位十足的牛顿或爱因斯坦策划而砌成的。"

20 世纪 30 年代初，牛津大学工程系名誉教授汤姆开始亲身到英国的大石结构现场作精细的调查。这位苏格兰学者在 40 多年的时间里，到英国和西欧各地勘测 600 多个圆形或长形的石阵，实事求是，孜孜不倦，终于获得了惊人的结果。

汤姆发现这些石阵全是用来研究太阳、月亮和星宿的。典型的石柱竖立起来，跟地平线上的自然景物排成一线时，就会形成一种石造瞄准器，指示一项重要的天文现象。汤姆还推断，大石结构时代的工程人员曾采用过一种长 0.83 米的标准度量单位。他把这种单位称为"巨石码"。汤姆从圆形石阵的形状有正圆和椭圆形推想出，当时的建筑工匠已懂得基本的几何学。有些圆阵设计得非常精确，因此汤姆怀疑当时的人已研究出勾股定理，比埃及人

还要早几百年，而一般人都相信这条定理是埃及人发现的，后来才由希腊人毕达哥拉斯建立定理的。

汤姆、霍金斯等人的研究，为一门新的科学奠定了基础，就是天文学考古学，专门研究古人对天体的认识。有关的研究非常有力，而接受的学者也越来越多。连专门研究巨型方石柱的阿特金森也不再把它视为空想，而是改弦更张，就此热衷于研究天文考古学。天文学家克鲁普曾写道："我们的祖先努力研究天空星宿，那些大石是无言而有力的证据。他们探索的热诚，与我们今天登上月球、送宇宙飞船到达火星表面的干劲无异。"

但也有人指出，研究前景表明我们只不过是用旧的谜团换来新的谜团罢了。譬如，建造巨石的工匠是怎样获得天文学和数学方面的知识的呢？他们没有文字怎么能把知识流传下来呢？是什么力量或信仰确保如此巨大的工程经过这么多个蒙昧的世纪仍然得以完成呢？他们那种强烈的求知欲，其后3000年在欧洲也见不到，为什么会由高峰而消失殆尽呢？如此等等，迷雾重重。

几百年来，学者、研究人员和好奇者曾经思索过，这个如今已经部分坍塌的石阵的来历。它会是庙吗？或者是个天文观测台？巨石阵是不是凯尔特人为举行仪式而建造的？抑或是古代宇航员们的杰作？一个流传已久的传说是：这些巨石是一个名叫默林的魔术师利用自己的法术从爱尔兰呼唤来的。19世纪的巫师时代，人们认为古凯尔特人不是在石头寺庙里而是在肃穆神圣的橡树林里做礼拜，蓄胡子的教士穿着飘逸的白色长袍在石柱旁庆祝夏至，成为不朽的景观。一个无可辩驳的事实是，巨石阵的建造利用了太阳的照射方向。在夏至或冬至的傍晚，当游人站在石圈中央时，落日的余晖会直接照在巨石阵外围地面的石头上。在一年中的其他时候，太阳从不同的拱门转进转出。但是科学家不知道当初的建造者究竟是想用巨石阵来记录季节的变换，还是仅仅为了表达对太阳的崇拜。

为了证明把40块巨石从威尔士西南的普雷塞利山区运到英格兰索尔兹伯里平原上所需的方法和时间，英国韦塞克斯考古专业公司工程师马克·惠特比和考古学家米利安·理查兹率领的一队热心的志愿者演示了这些拱形物的构筑方式。惠特比准备了完全一样的巨石——混凝土制作的两块45吨重的石柱和一块10吨重的横梁，召集130名士兵、市民和学生用146米长的绳子协同努力，就像轮船沿着倾斜润滑过的导轨下水一样，他们沿涂牛脂的木质导轨朝上拉动这些巨大的混凝土块。

蛮力是提升不起这些石块的。为达目的，惠特比必须研究原始建造者们的构想。"这些石器时代的伙计足智多谋。"惠特比说。关键之一是石柱赖以竖立的土坑的形状。坑是竖直的，一侧略斜，惠特比在坑外沿构筑了一斜面，把巨大的混凝土块沿斜面拉上去，直到石块的 1/3 悬在坑口上方。再把一个较小的石块贴石柱拉到悬空的一端，其重量把石柱压下去，插入坑底竖起来。按同样的方法竖起来第二块石柱，然后构筑更陡的斜面，拉上横梁，三块巨石即可装配组合成完美的 20 世纪的三石塔。惠特比认为他解开了这个谜："用 140 个人，不用 40 年，我可以建造成这些石柱群。"

然而，惠特比所能证明的仅仅是在材料具备、运输到位的情况下建造石阵的时间，而真正建造起如此规模的巨石阵未必像惠特比所想象的那样简单，何况还有如何采料、如何装船运输这些复杂的问题。在 3000 多年前，巨石阵按照精确的天文运算布局也是今人难以想象的。

而在威尔士的布莱克浦米尔，众多的好奇者在冷雨中一站就是数小时，为的是观看一块石头，确切地说是一块取名为"艾尔维斯"的威尔士蓝砂岩石板。一个身穿蓝色长袍、头戴红色尖顶帽的瘦高男人扮演"默林"，他神经质地踱着步。把这块位于地下 6 米的巨大蓝砂岩石弄到船上就花了差不多一整天的时间。然后，船便驶向索尔兹伯里的巨石阵。当运送"艾尔维斯"巨石的船终于到达时，天色已经开始暗淡下来，人们爆发出欢呼声。

每个周末，来自威尔士和英格兰的各路志愿者聚到一起，用推拉和船载的办法把这种三吨重的蓝砂岩石块运到巨石阵来。6 个月来，他们一直在做这件事，目的是要证明史前工匠究竟是如何途经约 390 千米的水陆路，把这些有着蓝斑点的巨石块，从威尔士西南的普雷塞利山区，运到英格兰索尔兹伯里平原上来。

这个实验尽管并不科学，但却证明了巨石阵之谜仍然有着巨大的吸引力，也许，原因就在于现代科学无法解释，史前人类修建这一巨石奇阵的真正意图吧。

现存的索尔兹伯里平原的艾夫贝利巨石阵，并不仅仅是一个让历史学家感到迷惑的遗迹，它还是各种人心目中的圣地。许多当代人把这里当做朝圣之地，尤其是在充满神秘感的夏至日的傍晚。在 20 世纪 80 年代，由于当局在夏至日一度关闭了巨石阵，旅游者曾与防暴警察发生了冲突，这是 16 年来的第一次。大约有 6000 名游人和朝圣者和着笛子声和鼓声喃喃吟唱，安详地表达着对这些古代巨石的景仰之情。

→ **知识点**

不列颠群岛

　　不列颠群岛是欧洲西北部的岛群，总面积31.5万平方千米。在北海与大西洋之间，东南以英吉利海峡、多佛尔海峡与欧洲大陆相望。包括大不列颠和爱尔兰两大岛，以及附近的赫布里底群岛、奥克尼群岛、设得兰岛、安格尔西岛和马恩岛等，约5000个小岛。海岸绵长曲折，海湾深入内陆，多良港。海洋性气候。最冷1月平均气温3℃，因受北大西洋暖流影响，冬季较同纬度地区暖和；最热7~8月气温自北向南为13℃~18℃。降水集中在秋冬，以西部山区为多。主要河流有塞文、泰晤士、特兰特、乌斯等河。东部宽广的北海大陆架，是西欧最大的油、气储藏地，也是世界著名的渔场之一。群岛上有两个国家：英国与爱尔兰。

🌱 **延伸阅读**

索尔兹伯里平原

　　索尔兹伯里平原，是著名的历史和考古点。在新石器时期人类石器时代就开始在平原定居。在索尔兹伯里平原，其13和14世纪的大教堂的尖顶，许多世纪以来，一直是英国最高的建筑。大教堂是繁荣的羊毛和布匹贸易带来该地区的证据，在19世纪中叶的羊毛和纺织业开始下降。

　　1896年，乔治坎普和马可尼在索尔兹伯里平原上进行无线电报实验，取得了2.8千米距离的良好效果。

　　1898年，英国军队在这里进行了第一次演习。从这个时候直到二战，国防部购买了大片土地。英国国防部目前拥有390平方千米的土地，使它成为英国最大的军事训练领域。其中，大约100平方千米永久向公众开放，但是参观其他领域有极大限制。

无"迹"可寻的津巴布韦石头城

　　提到非洲，人们可能马上就会想到坐落在北部非洲埃及的金字塔和狮身人面像，而假如你所关注的是人类的古代文明的话，那么请不要忘记坐落在南部非洲的津巴布韦，那里的古代遗址同样也在悠远的古代闪耀着文明的辉煌。

　　在津巴布韦，这里的大部分居民是班图语系的马绍纳人和马塔贝莱人。在班图语中，津巴布韦之所以叫做津巴布韦，因源于遍布于当地的200座大大小小的石头城，马绍纳人把其中的任何一座都叫做津巴布韦。

　　津巴布韦这个名字之所以给人以无限的遐思，原因在于它在当地的班图语中的意思是"可敬的石屋"、"石屋"，另外有些人认为津巴布韦是塞肖纳语"马津布韦"的谐音，它的意思应该是"酋长住宅"。也有的人认为它是恩戈尼语"津比万比韦"的变音，因而它的意思是"富饶的矿山"。如此等等，给津巴布韦这个非洲南部的内陆国家和其中的古代遗迹笼罩了迷人的色彩。

津巴布韦石头城

　　1868年的一天，欧洲的一位探险家正在非洲这块神奇的古大陆上旅行，

他正在津巴布韦的维多利亚堡东南约 30 千米的密林丛莽中追逐一只野兽，偶然间发现了一座石头的残垣断壁，这就是后来闻名世界的"大津巴布韦"。尽管当时这儿只不过是一大片石头城的废墟，却依然显得神秘而尊贵，因年代不明而显得高深莫测。在此之后的 1871 年，德国地理学家卡尔·莫赫曾说："那是一大片聚在一起的石头建筑，没有屋顶，用灰色花岗岩石块以精巧的技术建成，有些还曾雕刻。山上那些高大的石墙分明是欧洲人的建筑。"这位高傲的欧洲学者之所以说是"欧洲人的建筑"，是因为他根本不相信在被白人蔑称为"黑暗大陆"的非洲腹地，古代文明之花居然开放得如此绚烂，它是自身固有的，绝非外人嫁接的。

"大津巴布韦"虽然饱经世纪的桑田变化，大部分已沦为废墟，但仍然有一部分显示着宏伟的气象，并且一直遗存到了当今。

作为主体建筑，大津巴布韦最辉煌的一处位于山下的平地上。因为它外围的城墙呈椭圆形，周长 256 米，内径长 89 米，宽 67 米，被称为椭圆形大围墙。该处围墙高近 10 米，厚约 5 米，所围的总面积约为 4600 平方米。在东、西、北三面城墙上开有 3 个门，门顶都有巨大的花岗岩石砌成的圆拱形。围墙的顶上，矗立着几根细长的质地坚硬的图案花纹，有的墙面顶端还雕刻着一只形状奇特的石鸟。在围墙的东南部，还有一道同围墙平行的、相隔 1 米左右的石墙，与围墙本体形成一条长达百米的狭窄通道，通道尽头是一个类似院子的半封闭区域。围城里面建有圆锥形石头高塔、石碑、地窖、水井和一些石崖的废基，像是古代宫廷的遗迹。围城附近还有许多小的房屋，这些低矮的颓垣残壁有可能是一般官员或仆人的住宅区。

在椭圆形大围墙的外面，有一连串形成堡垒的城墙。城墙内有错综复杂的通道、石级和走廊等等。沿着一条陡峭缝隙开凿出来的石梯拾级而上，就可以来到另一处主体建筑：卫城。

卫城建在椭圆形大围墙旁边约 90 米高的悬崖上，居高临下，俯瞰着整个山谷。卫城的城墙随着岩石而起伏，自然地与大弧丘浑融一体。卫城全部由花岗岩石砌成，构筑坚固，气势雄伟，可能是一座要塞，供防御之用。卫城的内部，又有许多残破的房屋和复杂交错的通道。在这处遗址上，有冶炼黄金的痕迹。另有一处形似祭坛的建筑，也许是古人们举行宗教仪式的场所。

在整个大津巴布韦的建筑群中，最神秘莫测也最令人费解的是椭圆形大围墙内的圆锥塔。这是一座下粗上细的实心花岗岩建筑，高约 20 余米，没有任何文字标记。它主要是用雕凿成砖块的平整花岗石堆砌而成的，按一定的图案线条规则地砌起。石砖之间没有使用灰浆或其他种类黏合剂接合的任何痕迹，然而石砖之间的连接极为严密，其缝隙竟连薄刀刃也难以插进去。圆锥塔的外观神秘新奇、精致美观，而且坚固异常，不知经历了多少岁月风雨的磨砺。

自从1868年以来，一批批的欧洲探险家和科学家兴趣盎然地来到非洲南部，在津巴布韦这块突然间变得神奇的土地上寻踪觅迹，反复考察，为的是想要弄清"大津巴布韦"的内在奥秘。神秘的圆锥塔是他们考察的首选。英格兰考古学家本特曾花费极大的财力和人力在圆锥塔的周围大规模挖掘了一条地道穿过圆锥塔，企图寻找一个入口。为此他搬开了许多石块；但发现塔是实心的，这个入口至今也没有被找到，也许它根本就没有入口。这样一来，考古学家们不禁疑窦丛生，这座直刺蓝天的巨塔究竟是干什么用的呢？

人们对此众说纷纭。有人认为该塔的外表形状与当地的粮仓相似，也许是个巨大的粮仓。但由于整个塔是个实心的整体，根本就没有用来贮藏粮食的空间。也有人认为它是男性生殖器官的象征物，是古代某种宗教仪式所用的，它代表某种蓬勃的部落精神或部落酋长至高无上的权力。但这些说法最终因缺乏有力的证据，加上又没有史料记载而缺乏说服力。圆锥塔却依然故我，孤自站在那里缄默不言，笑看来客，保守着自己被岁月深藏的秘密。

在19世纪末，好事的欧洲人纷纷漂洋过海，竞相来看"津巴布韦"。由于无可考证，他们只能凭借自己的主观臆测来解释"津巴布韦"之谜，但是他们总是用既有的观点来解释问题，竭力否定这个古文明遗址的非洲渊源说，生拉硬扯地将其文明内涵与已属文明联在一起。

对于欧洲人来说，大津巴布韦应该是存在于神话中的黄金国度。他们认为石头城很像欧洲史书上记载的古代以色列国王所罗门的某些圣殿，很可能就是在《圣经·旧约》中提到的所罗门国王的金矿所在地。而卫城就是模仿所罗门王在摩利亚山上修建的耶和华殿建造的。那座椭圆形的大圆墙则是为了模仿古埃塞俄比亚女王示巴访问所罗门时在耶路撒冷住过的行宫而建造的。

这种主观臆测，一度激起了欧洲人到石头城寻找黄金的狂热。不少欧洲人来到石头城后，雇佣当地的马绍纳人，配以舶来的先进机械在宝贵的遗址上四处乱挖，掘地1米，把珍贵的文物劫掠一空。除了坚硬的花岗岩石块，其他的一切能拿者尽被拿走，所有那些有可能说明历史真相的文物资料，在

还没来得及真正展开研究之前，就遭到了毁灭性的破坏。

在后来的岁月里，人们在"津巴布韦"的周围发掘出大量的文物。其中有奇怪的生产工具、锋利的作战武器和精美的装饰品等，还有一些是来自遥远的中国的陶瓷碎片、阿拉伯地区的玻璃珠子、波斯的彩色瓷器以及印度佛教念珠等。由这些出土文物至少可以看出，消失于遥远年代的石头城曾经与古代的华夏及阿拉伯、波斯和印度有过悠久的文化和贸易往来。而众所周知，在中国、阿拉伯和波斯的历史典籍中有关大津巴布韦的记载却极其鲜见。

也许，这些舶来品是从第三者手中转手贸易而得，那么这些第三者又是一些什么人呢？我们无从知晓。由壮观的大圆锥塔就可以看出，其建造垒砌技术已达到了很高的程度，也就是说，圆锥塔的建筑技术足可以用文明的字眼来形容。圆锥塔的建设者们在很早以前就已经掌握了建筑学、几何学、力学等方面的高深知识。

让我们沿着前面已有的思路来考虑问题，这一座座大大小小、远远近近的石头建筑，究竟是用来做什么的呢？人们至今也没有弄明白。

直到现在所有的只是猜测，有些人认为这里可能是一个已经消失的古老王国的皇城，也有人认为它只是一个巨大的宗教场所。与其他文明遗址不同的是，所有这些石头建筑上都没有任何文字，也没有雕刻的图案或壁画，在这方面与美洲的玛雅城或东南亚的吴哥窟上成片成片的浮雕迥然有异。而流传下来的世界文典中又没有任何记载，真可以说是无迹可寻。与此相关的问题只能是：何种人在何时运用何种工具和方法来营造了这座宏大瑰丽的石头城？石头城的建造者与当今生活在津巴布韦的马绍纳人和马塔贝莱人有什么样的渊源关系？如果它的建设者是外来人，为什么他们又在某一天突然遗弃了这个地方呢？

由于1830年当地曾发生过著名的祖鲁战争，人们由此推测，居住在大津巴布韦的原居民被全部赶走了，那么他们又迁居到何处去了呢？令人不解的是，现在在这片土地上生活的只不过是马绍纳族的一个分支——卡兰加人。他们大多数仍旧居住在非洲低矮、简陋的传统窝棚里，其日常生活和宗教仪式与这大堆的石块毫无关系。

20世纪初，关于上述问题，欧美国家的考古学家们展开了激烈的争论。英国考古学家麦基弗认为，大津巴布韦的建筑风格丝毫也没有古代东方或西方欧洲任何时期的痕迹，因此它只能是出自非洲黑人之手。而另一位英国考古学家霍尔却认为，自古以来非洲黑人就没有修建石头建筑的传统，在非洲其他地方也找不到相同的例子，因此，大津巴布韦绝不可能是非洲黑人所建。两派学说都有支持者，但都苦于缺乏证据，谁也无法说服对方。没有人统计过需要多少工人、工作多少时间，才能使这样一座伟大的文明古城屹立在非洲茂密的丛林中，也许他们是怀着对统治者至高无上权力的崇拜。

总之，大津巴布韦有可能是除埃及以外非洲古代文明高度发达的又一象征。它所留下的谜团不是单一的，这些无言的石头至今在揶揄着来人：你能解读我吗，你能解读多少呢？

知识点

津巴布韦

津巴布韦共和国，1980年4月18日独立建国。津巴布韦在1980年之前原本称为罗得西亚，这个名字源自于替英国在这一地区建立殖民地的塞西尔·罗兹。位于非洲东南部内陆。面积约39.1万平方千米。人口12382920（2008年7月估计值），其中非裔黑人占了98%。该国自然资源丰富，工农业基础较好。主要河流有赞比西河和林波波河，分别为同赞比亚和南非的界河。东部边境为山地，其他分属三级阶梯状高原，海拔800～1500米。全境最高点2592米。北部属赞比西河流域，南部属林波波河和萨比河流域。

延伸阅读

津巴布韦化

津巴布韦曾是非洲最富裕的国家之一，但该国经济近年来崩溃，全国至少80%的人口陷入贫穷，面临生活基本物资大量缺乏的窘境。津巴布韦通货膨胀率奇高，在津巴布韦，人们对货币的使用早已不是论张，而是论"堆"

或用秤来"称量"。这种货币极度贬值、通货膨胀率极高的情况可称之为"津巴布韦化"。

2008 年 2 月，津巴布韦通货膨胀率达 165000%；2008 年 6 月，通货膨胀率达 200000%，该国央行于 2008 年 7 月 21 日发行面值 1000 亿元的津巴布韦元钞票。不过这样一张千亿钞票，仍不足以购买一个面包。津巴布韦从 2008 年 8 月 1 日起货币改制，100 亿旧津巴布韦元相当于 1 新津巴布韦元。2009 年 1 月津巴布韦政府宣布，将于近日发行一套世界上最大面额的新钞，这套面额在万亿以上的新钞包括 10 万亿、20 万亿、50 万亿和 100 万亿津元 4 种。2009 年下半年起，经济开始转好。

马耳他岛巨石建筑之谜

地中海上的马耳他岛，位于利比亚与西西里岛之间。1902 年，在这里的首府瓦莱塔的一条不引人注意的小路上，发生了一件引起世人轰动的大事。有人盖房时在地下发现一处洞穴，后来人们才知道，原来这里埋藏着一座史前建筑。它由上下交错、多层重叠的多层房间组成，里边有一些进出洞口和奇妙的小房间，旁边还有一些大小不等的壁孔。中央大厅耸立着直接由巨大的石料凿成的大圆柱和小支柱，支撑着半圆形屋顶。整个建筑线条清晰，棱角分明，甚至那些粗大的石架也不例外，没有发现用石头镶嵌补漏的地方。天衣无缝的石板上耸立着巨大的独石柱。整个建筑共分 3 层，最深处达 12 米。

这些不可思议的史前地下建筑的设计者是谁？在石器时代，他们为什么花费这么大的精力来建造这座巨大的地下建筑？人们百思不解。

11 年后，在该岛的塔尔申村，人们又一次发现了巨大的石制建筑。经过考古学家们挖掘和鉴定，认为这是一座石器时代的庙宇的废墟，也是欧洲最大的石器时代遗址。

这座约在 5000 多年前建造的庙宇，占地达 8 万平方米，整个建筑布局精巧，雄伟壮观，好多个祭坛上都刻有精美的螺纹雕刻。站在这座神庙的废墟面前，首先映入眼帘的是一道宏伟的主门，通往厅堂及走廊错综的迷宫。

而在马耳他岛上的哈加琴姆、穆那德利亚、哈尔萨夫里尼，考古学家们

马耳他岛巨石建筑

也发现了精心设计的巨石建筑遗迹。

哈加琴姆的庙宇用大石块建造，也是最复杂的石器时代遗迹之一。有些"石桌"至今仍未肯定其用途。石桌位于通往神殿门洞内的两侧，在神殿里曾发现多尊母神的小石像。

穆那德利亚的庙宇，俯瞰地中海，扇形的底层设计是马耳他岛上巨石建筑的特征，这座庙宇大约建于 4500 年前，有些石块因峭壁的掩遮而保存得相当完整。

最令人不可理解的是"蒙娜亚德拉"神庙，这座庙宇又被称为"太阳神"庙。一个名叫保罗·麦克列夫的马耳他绘图员仔细地测量了这座神庙后发现，这座神庙实际上是一座相当精确的太阳钟。根据太阳光线投射在神庙内的祭坛和石柱上的位置，可以准确地显示夏至、冬至及其他一年中的主要节令。而更令人震惊的是，从太阳光线与祭坛的关系推测，可以毫不犹豫地得出结论：这座神庙是公元前 10205 年建成的，离现在已经 1.2 万年了。这座神庙的存在，又一次打乱了人们的正常思维方式。1.2 万年以前，神庙的建造者们居然能有那么高深的天文学和历法知识，能够周密地计算出太阳光线的位置，设计出那么精确的太阳钟和日历柱。这一切该怎么解释呢？

马耳他岛的面积很小，仅 246 平方千米。但在这样一个小岛上，却发现了 30 多处巨石神庙的遗址。不少学者的研究表明，这些巨石建筑的建造者们在天文学、数学、历法、建筑学等方面都有极高的造诣。有些巨石建筑甚至可以作为推测判断节令的历法标志，而且还可用做观察天体的视向线，甚至

能当做一台巨型计算机，准确地预测日食和月食。

石器时代的马耳他岛居民真有这么高的智慧吗？如果真是这样，那么他们是怎样获得这些知识的呢？为什么他们在其他领域却没有相应的发展？是什么因素激发了他们建造巨石建筑的疯狂热情？而这些知识又为什么莫名其妙地中断了？这一切至今仍没有人能够回答。巨石无言地耸立着，把一切高深莫测的疑问保持在一片沉默中。

自从 2 个世纪前考古学家在法国的布列塔尼半岛上挖掘出呈不规则排列的巨大石柱群之后，世界考古史上最神奇的大发现也诞生了。

这个被英国考古学家海丁翰教授称为"比金字塔更神秘"的石柱群，无论从它们的重量、数量、高度和历史的久远来看，都足以取代英国斯托肯立的巨石群，成为名副其实的世界巨石之最。

如果你从岛上的卡奈镇开始由西往东走，首先迎面而来的，是散立于沼泽、森林间的 12 排石柱，这些石柱之间的距离不怎么规则，石高有的竟达 9 米，石面大都像史前石具一样削磨得光滑洁亮。

有趣的是，这些石柱越向东则越小，直至完全消失于另一小镇。同时还可见到另一组 7 排巨石群。过了此镇进入卡勒斯旨，放眼望去，又是 13 排长 360 米的石柱群。待走完约 5 千米的路程，回首计算一下，竟已走过 1471 个石柱。令人纳闷的是，这么大规模的石柱群为何在 18 世纪以前的历史记录中。竟一字未提？这也是石柱群令人感到神秘莫测的主要原因。人们无法从文献中探知它的形成及作用，于是便开始了种种推测。有的说卡奈镇守护神可内利在公元前 56 年，为抗拒恺撒大帝的罗马大兵入侵而亲登镇北山丘。在奇迹般的神力下，将一个个追赶中的罗马人封死在原地，变成今日的石柱。有的说，19 世纪早期，崇拜蛇蝎之风盛行，石头之所以呈蜿蜒状排列，就是为了配合当时的社会风气。有的说，罗马人竖立石柱，是为了作为保护帐篷的挡风墙。此外，当然还有所谓外星人借以登陆的基地之说。

虽然石柱群之谜还有待于将来解开，但至少有一点是可以肯定的，就是经过放射碳 14 的测试，这些石柱群早在公元前 4650 年便已经存在了。也就是说，它们是新石器时代文化最伟大的建筑。

RENLEI ZAI DILI SHANG DE YIWEN

知识点

碳14

　　自然界中碳元素有三种同位素，即稳定同位素碳12、碳13和放射性同位素碳14。碳14由美国科学家马丁·卡门与同事塞缪尔·鲁宾于1940年发现。碳14的半衰期为5730±40年。利用宇宙射线产生的放射性同位素碳14来测定含碳物质的年龄，就叫碳14测年。碳14测年法之所以能测定古代遗存的年龄，是由于宇宙射线在大气中能够产生放射性碳14，并能与氧结合成二氧化碳之后进入所有活组织，先为植物吸收，后为动物纳入。只要植物或动物生存着，它们就会持续不断地吸收碳14，在机体内保持一定的水平。而当有机体死亡后，即会停止呼吸碳14，其组织内的碳14便以5730±40年的半衰期开始衰变并逐渐消失。对于任何含碳物质，只要测定剩下的放射性碳14的含量，就可推断其年代。

延伸阅读

固若金汤的瓦莱塔

　　瓦莱塔是马耳他共和国的首都，是一座欧洲文化名城，以圣约翰骑士团第六任首领拉·瓦莱特（1557～1568在位）的名字命名的，是全国政治、文化和商业中心。该城建筑布局整齐，城街狭直，两旁建筑均为马耳他特有的石灰岩建成，呈灰白色。1565年，在拉·瓦莱特的领导下，马耳他取得了"大围攻"战役的胜利，但损失惨重。当时首都及各个要塞一片废墟，瓦莱特决定建立一座新都，以抵御土耳其人的再次入侵。此次胜利，骑士团成了全欧洲的英雄，欧洲各国纷纷提供财富和技术，将瓦莱塔城建设得固若金汤。瓦莱塔城由米开朗杰罗的助手弗朗西斯科·拉帕莱利设计。为增强防御功能，背海一面有圣艾尔莫堡护卫，隔海湾左方有迪聂堡、曼纽尔堡，右方有三座古城相护，后城门方向建有弗洛里阿娜防御工事，使瓦莱塔城处于核心。瓦

莱塔城于 1566 年开始奠基，5 年后完工，此后一个半世纪城墙一再加固，极具威慑作用，此后土耳其人再未进犯。

三星堆遗址七大谜

自 1929 年四川广汉三星堆农民在车水灌溉时无意碰醒了沉睡三四千年的三星堆文明之后，考古界就围绕这一奇迹进行了长达半个多世纪的叩问。经过一系列的考古发掘，三星堆遗址的文化面貌、内涵和特征、成因特征已基本确定。

三星堆遗址是一处距今 5000 年至 3000 年左右的巴蜀文化遗址，遗址内存在三种面貌不同但又连续发展的三期考古学文明，即以成都平原龙山时代至夏代遗址群为代表的一期文明；以商代三星堆规模宏大的古城和高度发达的青铜文明为代表的二期文明；以商末至西周早期三星堆废弃古城时期为代表的三期文明，即成都"十二桥文明"。

在 5000 至 3500 年前的成都平原，三星堆的发展已超过周围其他城邑，并成为成都平原的中心城邑以及周围城邑注意的焦点。

三星堆遗址博物馆

在商代，三星堆已发展成为高度发达的青铜文明中心，这是三星堆文明的鼎盛时期，即早期蜀国，也是 2000 多年的古蜀国历史进程中最辉煌、最为成熟的时期，代表了长江流域商代文明的最高成就与贡献。

通过破译三星堆文明，不仅可以解开千古之谜，而且可以证明中华文明的起源是多元一体的，这已经不仅仅是考古学上的伟大发现了。

在首次出土的文物中，最引人瞩目的是一只残缺一侧"耳朵"的蓝色双耳陶罐。而最令考古工作者惊喜的是从 3 号灰坑中出土的一套祭祀用的玉石礼器。这套礼器共有璧、瑗、琮各一个。据三星堆工作站站长介绍，这 3 个玉石礼器约为商代制造，分别用以祭天、祭社稷、祭地，在以往的发掘中也曾发现过。不过，从发现的这 3 件礼器看，可以判断这次发现的灰坑就是祭祀坑，只是规模较小。四川省文物考古研究所副所长赵殿增认为，此次发掘工作为日后进一步研究三星堆文化提供了不少新的重要线索和依据，对破解三星堆文化的起源、发展、消失等谜团都有帮助和作用。

本次发掘选点，距 1929 年三星堆首次发现文物遗存的地点仅一两百米，位于三星堆遗址的东西中轴线，系三星堆遗址中城墙内侧靠近宫庙的区域。

据专家推断，古代蜀国的宫殿、宗庙应在发掘点方圆 2 平方千米的区域内，应有重要文物遗存。但本次发掘只在 500 平方米的区域进行，是否能在这方面有所收获尚不得而知，看来只能靠运气了。

现场考古专家说，因为本次发掘点十分靠近内城墙，很有可能不会发掘出宫殿和宗庙，但古城的内城墙与古文化遗存的城内分工有关系，推测下面应有密集建筑遗迹，据专家分析，应该为古城居住区。在三星堆出土的大量青铜器中，基本上没有生活用品，绝大多数都是祭祀用品，而这些祭祀用品又带有不同的地域文化特点。其中既有明显的蜀文化的特征，又有其他地域文化的特征，如青铜雕像、金杖等物品。这表明蜀文化已开始与其他文化相交融。

三星堆文化的一个奇特之处在于从遗址中出土的大量模样不同寻常的青铜面具，几乎千篇一律地全是粗眉毛、大眼睛、阔扁嘴、高鼻梁，几乎没有下巴。仔细观察这些青铜面具，两只耳朵上各有一个小孔。这种面具的脸型与现代当地人大不一样，令人不解。这种面具代表了什么？它们是用来做什么的？

在三星堆文化博物馆陈列的众多面具模型里，有一个巨大的面具吸引了众多参观者的目光。这个巨大的面具有普通面具的好几倍大，长长的耳朵向两边张开，大而长的眼睛向外夸张地突出着，好像是眼睛里向外长出两个橛

子。据说，古蜀国的开山老祖蚕丛就被描绘有一双"纵目"，这大概与他有关吧！这些面具是古蜀国人为崇拜蚕丛而作的，还是当时古蜀国人就是这种模样，实在让人匪夷所思，不知其真正的答案是什么。

三星堆文化博物馆里还有一尊细而高的青铜铸成的人像，相貌和青铜面具的特征十分相像，穿着一件燕尾服式的袍子，光着脚，站在一个高高的底座上。铜像身高3米左右，两手一低一高，呈握东西状。据了解，该铜像出土时手中并没有握着东西。专家推测，这么细高的铜像在站立时，手中稍有负重，就会失去平衡倾倒。据介绍，这是世界上现存最高的青铜像。专家还推测，这个铜像的神情和手势，像是一个不同于平常人的巫师、王或神，其出现的场合应是在祭祀天神中。

在三星堆文化博物馆里，还有一棵被修复的"神树"的青铜仿制品让世人惊讶。这棵"神树"高4米，因为博物馆展厅高度局限，被分作两部分摆放。

"神树"上铸造了一条蛟龙，栩栩如生，颇有生气，仿佛刚从天上飞旋而下，攀附在"神树"的树枝上。"神树"的枝干上还有一只鸟栖息着，十分引人注目。专家介绍，龙和鸟在这里都被作为图腾受到古蜀国人的崇拜。这棵罕见的青铜"神树"，被定为国宝级即国家最高级文物受到保护。

三星堆遗址及其出土文物的许多重大学术问题，至今仍是难以破译的千古之谜。虽然专家学者对其中"七大千古之谜"争论不休，但终因无确凿证据而成为悬案。这"七大千古之谜"分别为：

第一谜：三星堆文化来自何方？目前有与岷江上游新石器文化有关、与川东鄂西史前文化有关、与山东龙山文化有关等看法，即人们认为三星堆文化是土著文化与外来文化彼此融合发展的产物，是多种文化交互影响的结果。但究竟来自何方？无人能够讲清楚。

第二谜：三星堆遗址居民的族属为何？目前有氐羌说、濮人说、巴人说等不同看法。多数学者认为岷江上游石棺葬文化与三星堆关系十分密切，其主体居民可能是来自川西北及岷江上游的氐羌系。

第三谜：三星堆青铜器高超的青铜冶炼技术及青铜文化是如何产生的？是蜀地独自产生发展起来的，还是受中原文化、荆楚文化或西亚、东南亚等外来文化影响的产物？

第四谜：三星堆古蜀国的政权性质及宗教形态如何？三星堆古蜀国是一

个附属于中原王朝的部落军事联盟，还是一个相对独立的已建立起统一王朝的早期国家？其宗教形态是自然崇拜、祖先崇拜还是神灵崇拜？或是兼而有之？

第五谜：三星堆古蜀国何时产生？又何以突然消亡？

第六谜：晚期蜀文化的重大之谜"巴蜀图语"。三星堆出土的金杖等器物上的符号是文字？是族徽？是图画？还是某种宗教符号？可以说，如果解开"巴蜀图语"之谜，将极大地促进三星堆之谜的破解。

第七谜：出土上千件文物的两个坑属何年代及什么性质？年代争论有商代说、商末周初说、西周说、春秋战国说等，性质有祭祀坑、墓葬陪葬坑、器物坑等不同看法。

知识点

巴蜀文化

巴蜀文化是华夏文化的一个分支，中国四川盆地中成都的蜀和重庆的巴所代表的文化。蜀文化以成都为中心，包括盆地西部及陕南、滇北一带。传说，此地早建有地方政权，至公元前316年为秦所灭。考古发现，商至西周时，蜀人与黄河流域民族即有文化交流。出土商代后期陶器如深腹豆形器、高柄豆、小平底钵等，虽具地方特色，但铜镞、铜戈、铜矛却为黄河流域常见器形。出土的西周至春秋的玉石礼器与中原所出者一致。巴文化最早源于湖北西南的清江流域，后活动于盆地东部及附近地区。西周时，建有巴国，受蜀影响，始有较高水平的农业。巴蜀文化又具有很强的辐射能力，除与中原、楚、秦文化相互渗透影响而外，主要表现在对滇黔夜郎文化和昆明夷、南诏文化的辐射，还远达东南亚大陆地区，在金属器、墓葬形式等方面对东南亚产生了深刻久远的影响。

延伸阅读

三星堆博物馆

　　三星堆博物馆位于三星堆遗址东北角，地处广汉城西鸭子河畔，南距成都40千米，是我国一座现代化的专题性遗址博物馆。博物馆于1992年8月奠基，1997年10月建成开放。馆区占地面积约53000平方米。博物馆集文物收藏保护、学术研究和社会教育多种功能于一体，采用现代科学手段实施管理，集中收藏和展示三星堆遗址及遗址内一、二号商代祭祀坑出土的青铜器、玉石器、金器以及陶器、骨器等千余件珍贵文物。三星堆文物是宝贵的人类文化遗产，在中国浩如烟海蔚为壮观的文物群体中，属最具历史科学文化艺术价值和最富观赏性的文物群体之一。博物馆以其文物、建筑、陈列、园林之四大特色，成为享誉中外的文物旅游胜地，是四川的五大旅游景区之一、首批国家"AAAA"级旅游景区、国家一级博物馆。